María Teresa Andruetto (Arroyo Cabral, Córdoba, 1954) es una reconocida escritora argentina. La construcción de la identidad individual y social, las secuelas de la dictadura en su país y el universo femenino son algunos de los ejes de su obra. Sus libros leídos tanto por adultos como por jóvenes lectores, rompen barreras generacionales.

Referente de la escritura de mujeres en su país y nombre indispensable de la literatura destinada a niños y jóvenes, ha recibido el premio Hans Christian Andersen, el Premio Iberoamericano a la Trayectoria en Literatura Infantil y el Premio Trayectoria en Letras del Fondo Nacional de las Artes. Asimismo, ha sido premiada con el Konex de Platino y el Premio Cultura de la Universidad Nacional de Córdoba, entre otros.

Su obra ha servido de inspiración a numerosos artistas para la realización de cortometrajes, espectáculos poético-musicales, ilustraciones, coreografías, narraciones orales, escénicas y obras teatrales.

Capaz de trasmitir con la mayor claridad reflexiones complejas que atraviesan el arte, la esfera pública, la formación de lectores, el oficio y la singular vocación de la escritura, Andruetto brinda conferencias en numerosos espacios de formación de grado y posgrado y es autora invitada en congresos, ferias y jornadas en su país y el extranjero.

La lectura, otra revolución

María Teresa Andruetto

ƒ

© de esta edición, Editorial Las afueras, 2025
Av. Diagonal, 534, 2º 2ª
08006 Barcelona
www.lasafueras.com

ISBN: 978-84-129459-7-3
Depósito Legal: B 7827-2025

Dirección editorial: Magda Anglès y Francisco Llorca
Diseño de la colección: Hermanos Berenguer
Producción y maquetación: Bet Nel·lo
Comunicación: Manuela Palazuelos

Impreso y encuadernado en Kadmos, en papel proveniente
de fuentes manejadas de forma responsable, tanto ambiental,
como socialmente.
Printed in Spain – Impreso en España

La lectura,
otra revolución
María Teresa
Andruetto

las afueras

Índice

LA VIDA MISMA

Me crié en un pueblo de provincia, en un país de un continente que comparte casi en su totalidad una lengua. Pese a su abrumadora masividad, ya que se trata de la voz de más de quinientos millones de personas, la literatura de esta lengua ocupa un lugar en cierto modo periférico en la traducción a otros idiomas. Este castellano mío, cuna del barroco y el conceptismo, es y no es —como sabemos— una sola única lengua, sino múltiples variantes desarrolladas en España y en nuestros países latinoamericanos, mestizadas por los pueblos originarios y los aportes de africanos, europeos y asiáticos que —esclavizados, sometidos, aceptados o bienvenidos— impregnaron nuestros modos de decir y de pensar. Escribimos, ilustramos, editamos y construimos lectores insertos en una red de tensiones políticas, culturales, económicas... La riqueza consiste en vivir conscientes de nuestro lugar en el mundo, si queremos acercar los frutos de nuestra subjetividad al territorio de otros.

Vivir conscientes es también defender nuestra particularidad como individuos y como pueblos. Es muy fuerte la demanda de que los libros unifiquen sus asuntos y los usos del idioma, de que se vuelvan un poco neutros, pero la literatura busca en lo particular el palpitar de la lengua, su permanente inestable movimiento. Muchas veces me han dicho que mis libros son «demasiado argentinos», mas creo que es justamente ahí, en los matices de la lengua, donde reside el desafío de un escritor, su campo de batalla. Mientras más ahondamos en lo particular, mientras menos estándar es nuestra escritura, más difícil se vuelve su exportación. En mi caso esto se dificulta, porque algunos de mis libros han sido escritos desde las diferencias del castellano argentino en las diversas regiones de mi país, esto no porque yo quiera hacer un paneo por los modos de hablar de mi tierra, sino porque en uno u otro casos fue el narrador elegido quien me lo pedía. Imagino a un narrador e intento escuchar cómo habla; es él quien abre la puerta, quien me enseña el camino a seguir. He vivido el acto de escribir como una trinchera de la lengua, una defensa de lo más propiamente mío, un intento de capturar a ese animal hecho de palabras, en el deseo de encontrar allí algo para ofrecer a otros, el camino hacia el propio modo de decir.

Desciendo de emigrantes, es decir, de pobres y desterrados. Desde que recuerdo, y seguramente también desde antes, escuché historias de personas que habían llegado hacía muchos años a América, hombres y mujeres cuyos modestos episodios adquirían relevancia en el relato. Fui criada por una madre a la que le gustaba contar y escuchar historias y por un padre que había dejado a su familia en Italia y reconstruía al infinito el largo viaje a Argentina, el encuentro con mi madre. Crecí en un pueblo de la llanura argentina, entre personas a la vez melancólicas y pragmáticas, en una familia con mucha apetencia de saber, en una casa donde siempre hubo libros y donde se contaba con muchos detalles el pasado de quienes habían estado antes; tal vez por eso me apasiona lo extraordinario que habita en la vida de cada uno de nosotros, lo extraordinario de la vida en sí misma.

Dentro de esa familiaridad con los relatos y los libros, en la idea de que había que saber un poco de todo para poder habitar en el mundo, recuerdo el momento en que descubrí, en la cocina de mi casa, en un libro muy de la época, que esos dibujos llamados letras podían unirse y formar palabras y que esas palabras eran los nombres de las cosas. No se trataba de literatura, era la vida misma que —suponía yo— se presentaba de ese modo para todos, en todas las casas y en todas las familias. Años más tarde comprendí que no todos los niños tenían acceso a los libros y eso hizo que mi vida tomara cierto rumbo, el de trabajar en la construcción de lectores.

En qué tradición debe insertarse una escritora descendiente de europeos que se crió en un pueblo de un país latinoamericano, una mujer cuya madre jamás hubiera soñado que sus hijos fueran un día a la universidad, alguien que accedió a estudios superiores porque en su país existe la educación gratuita, la universidad pública. ¿En qué fuente beben los escritores para niños en nuestros países? Lo universal y lo local, lo latinoamericano y lo europeo, lo central y lo periférico, lo clásico y lo contemporáneo, lo destinado a niños y lo publicado para adultos nos agitan y nos azuzan en una red de tensiones, donde la mayor riqueza es el desacato, el desacomodo y el cuestionamiento, todos ellos propicios para la creación. Por eso la necesidad de liberar de ataduras y corsés a la literatura infantil, la importancia de centrarla en el trabajo con el lenguaje, tal como intenté decir en mi libro *Hacia una literatura sin adjetivos*, para dotar de sentido a aquella frase que, a comienzos de la recuperación democrática en mi país, mi generación comenzó a llevar a las aulas: «la literatura infantil es también literatura». Para que eso que decimos sea verdad, debe sortear sobreactuaciones, estereotipos y retóricas que pueblan tantos libros para niños; escrituras serviles disfrazadas con ropajes nuevos.

Escribo para comprender, o tal vez buscando ser comprendida. Camino de conocimiento para quien escribe y para quien lee, palabras que pueden despertarnos como a la durmiente princesa de uno de mis cuentos. Lo que escribimos es fruto de nuestro tiempo, de nuestra sociedad, de nuestra experiencia, no tanto por las peripecias que narramos sino principalmente por el uso del lenguaje donde se reflejan nuestras convicciones y contradicciones, nuestro conocimiento y nuestra confusión. Es en las palabras donde se libra el combate, y es de palabras la grieta por donde se accede a una lengua privada en ese extenso mar de la lengua social, territorio de contrapoder frente a lo uniforme y lo hegemónico.

He buscado a lo largo de estos años quién sabe qué en distintos géneros, he lanzado botellas al mar de lectores diversos, siempre pensando que no hay espacios cerrados entre lo que interesa a niños y jóvenes y lo que le puede interesar a un adulto. No hay para mí muchas diferencias entre escribir para unos u otros, de hecho no pienso en los niños cuando escribo. Se trata más bien del deseo de mirar «desde los ojos de otro» una imagen que me interpela, que se resiste al olvido. Al escribir me enfrento a mis prejuicios, me pongo en cuestión y desearía que mi lector —por niño o grande que sea— se pusiera también en cuestión, se viera llevado a tomar una posición. La escritura proviene de un intenso mirar y escuchar; con la emoción como brújula, dependo de eso e intento mantenerme alerta porque muy a menudo algo me distrae o se empaña y pierdo el rumbo.

La historia del arte es también la historia de nuestra subjetividad, necesidad de compartir experiencias, dolores, alegrías o asombros con otros contemporáneos o futuros. Intentos de agregar algunas palabras al gran relato del mundo para alcanzar destellos o sombras de la condición humana. En cuanto a mí, me gustaría llegar al corazón de quien me lee, llevarlo a sentir y a pensar, porque contra el puro entretenimiento y el adormecimiento de la conciencia, la literatura nos propone una de las inmersiones más profundas en nosotros mismos y en la sociedad de la que formamos parte. Lo escrito se dirige a la sociedad de la que venimos, porque se construye con un bien social y se alimenta de los relatos que esa sociedad genera. La literatura se apropia de ese patrimonio común que es el lenguaje, y ese patrimonio regresa en algún momento para pedirnos que volvamos la cabeza hacia los otros, que miremos y escuchemos con atención, con persistencia, con imprudencia, con desobediencia, no para dar respuestas sino para generar preguntas. Es la ligazón entre las condiciones de humanidad de una cultura y las formas que un escritor encuentra, lo que marca el camino de regreso a dolores sociales o personales antiguos que, en la alquimia del trabajo, lograron mutar en hondura, armonía o belleza, tal como nuestro admirado Andersen transformó miseria o desprecio en «La vendedora de fósforos» o «El patito feo". Se trata entonces del difícil camino hacia lo propio de quien escribe y de su sociedad, lo propio, eso que es también lo desconocido de nosotros mismos, la propia voz alimentada y sostenida por las voces de los otros. Así, buscando mi propia identidad en la historia de un muchacho que atraviesa el océano, la de dos niños cartoneros en una villa de emergencia, la de una niña que ansía vivir con su madre o la de una joven un poco extraviada —personajes adormecidos, íntegros o necesitados de amor—, estaba buscando de algún modo la identidad de mi pueblo; pero que ese camino me haya traído desde aquella periferia nuestra hasta esta Escuela Imperial de Londres y este Congreso de IBBY,[1] para recibir este premio mayor, es algo que me conmueve y me sorprende, algo que todavía no alcanzo a comprender.

Leído en la entrega del Premio
Hans Christian Andersen,
Londres, 25 de agosto de 2012

1. International Board on Books for Young People

MI CASA

El castellano fue la segunda lengua de mis padres. Mi mamá, hija de inmigrantes italianos, nacida en un pueblo de la llanura, habló el piamontés hasta los seis años y aprendió el castellano cuando fue a la escuela. Mi papá lo aprendió poco antes de cumplir treinta años, en el barco que lo trajo a Argentina, en un diccionario de tapas de tela roja que conservo.

«Este país generoso recibió a tu padre», fue la frase persistente de mi madre para que nunca olvidáramos que éramos hijos de foráneos bien tratados en este lugar, por generosidad del país y de su gente, ya que aquí mi padre había encontrado refugio después de la guerra y del hambre, aquí había encontrado trabajo, compañera y razón de vivir, y también aquí nosotros, sus hijos, podíamos acceder a una buena educación. Frase repetida para que recordáramos que este país les había dado todo a quienes no eran de acá, aunque después, a lo largo de los años, me he preguntado muchas veces si, como sociedad, hemos dado también todo a quienes siendo desde siempre de aquí fueron tratados como migrantes, emigrados o expulsados sociales. Puse esa frase en un poema de *Kodak* que escribí luego de una visita de mi madre, en los noventa, cuando yo estaba muy enojada con el curso de nuestra vida social. Ahora que ese tiempo por fortuna ha pasado y que nuestro país vive otro momento histórico, resignifico aquellas palabras de mi madre en su sentido más pleno: el de vivir en un país que le abrió a la hija de un inmigrante sus casas del saber para que también ella pasara por ahí, y la conciencia de que eso no es algo que suceda en todos los países ni en todas las construcciones sociales.

En el pueblo donde me crié —como seguramente en la mayoría de los pueblos de entonces— muy pocas personas habían cursado estudios universitarios. A todos los veíamos como pertenecientes a otro mundo, un mundo destinado a otro sector social; habitantes de otras geografías que, quién sabe por qué razón, se habían instalado entre nosotros. Ellos eran los que habían podido ver la zarza, sujetos de un saber capaz de arder sin consumirse, un saber que más tarde imaginé como una conciencia abierta hacia una mayor libertad. Fue por aquellos años, los sesenta, que la generación de mis padres, en el contexto de esos pueblos de provincia, ya con otras condiciones de vida diferentes de las de sus padres, comenzó a imaginar que sus hijos podían también ir a la universidad. Empleados de servicios, operarios, artesanos, trabajadores del asilo, personas que nunca habían imaginado para los suyos el acceso a estudios superiores, hombres y mujeres hijos a su vez de personas con economía de subsistencia, jornaleros, colchoneras, vendedores informales, veían en el acceso a la universidad la posibilidad del ascenso social de sus hijos. «El saber no ocupa lugar» o «El estudio es la única herencia que podemos dejarles» fueron algunas de las frases que escuchamos en nuestros años de formación. Así fue que al terminar la escuela secundaria, algunos de nosotros, unos pocos, tres o cuatro por curso, ciertamente privilegiados por algo más de holgura, por mayor apetencia de saber o por cierta pretensión de ascenso social, llegamos a esta casa, la Universidad Nacional de Córdoba. Nada de esto hubiera sido posible de no haberse tratado de este país y de su universidad pública, gratuita. Por momentos pareciera que estoy hablando de una prehistoria; lo es porque han cambiado mucho las comunicaciones, los modos de circulación entre los pueblos y las ciudades, el acceso a los libros, la cantidad de casas de estudios superiores, entre otras muchas cosas, y sin embargo todo esto está contenido en el tiempo de vida de una persona.

Llegar a Córdoba, tener acceso a la universidad y recibir el impacto de sus bibliotecas, significó ciertamente ir desde la periferia al centro: el descubrimiento de un mundo de nuevos libros y personas, y de diversas líneas de pensamiento estético y político. La conciencia súbita de que el mundo estaba ahí, con sus necesidades, más allá de nosotros mismos, y al mismo tiempo con nosotros tan ahí, tan inmersos en él. De todos los impactos que recuerdo en aquel paso por los estudios de letras, el más intenso, el más indeleble, fue el cambio en el modo de leer, la construcción de una matriz de lectura de los libros y del mundo que se mantuvo definida en cada gesto hasta el presente. Yo había sido una lectora voraz, pero esa voracidad infantil no tenía que ver con la literatura; era la vida que —suponía yo— se presentaba de ese modo para todos, en todas las casas y en todas las familias. De manera que fue en la universidad donde aprendí que un escritor es expresión de la sociedad que lo contiene, que es una conciencia dialogando con el mundo, y aquí también descubrí que cada libro tiene un antes y un después, que lo escrito se sostiene en tradiciones, posicionamientos, estrategias de circulación y otras tantas cuestiones, y que todo eso se inserta en un complejo tejido de circunstancias —políticas, sociales, económicas— que construyen, destruyen, determinan, recuperan u olvidan. De modo que desde aquella universidad que transcurrió para mí entre el 71 y el 75, ya nunca más leí de otro modo sino entendiendo que la subjetividad de quien escribe y de quien lee son siempre caja de resonancia de lo social, y que toda palabra individual es un concierto de ecos y disidencias con esa palabra social.

Llegué a Córdoba con la ilusión de ser algún día profesora en mi propia universidad y, otra vez (porque la vida de cada uno es confluencia de lo individual y lo público), fue el contexto social lo que torció ese rumbo y me llevó hacia otros. El contexto que en algún momento facilitó la llegada de chicos y chicas de la provincia a esas aulas, hacia finales de 1975 propició también su alejamiento, inminencia del golpe de Estado, diáspora de profesores y alumnos, secuestros, persecución o sencillamente repliegue individual por temor a la visibilidad que habían tomado nuestros posicionamientos políticos. De modo que hubo un desvío y hasta es probable que la escritura misma (que entonces se fue convirtiendo en el centro de mi interés y de mi hacer) obedezca, como casi todas las cosas, en la vida de todos, a la encrucijada histórica que hizo que otros ciertos deseos no pudieran cumplirse. El poeta Néstor Perlongher define a la escritura como un desvío, y a ese desvío fui cada vez que otras cosas que deseé o necesité no se me dieron.

Después vinieron aquellos años tan tristes, tan llenos de miedo. Al regreso de la democracia estaba ya inmersa en los proyectos de CEDILIJ,[2] trabajando con mis amigos y amigas de ese colectivo en la construcción de lectores, ahí encontré un modo de dar sentido a este hacer y a este saber, una respuesta a eso que nos preguntábamos en los setenta: ¿para qué sirve la literatura? Así fue que se unieron el deseo de leer, la convicción de su importancia en la construcción de las personas, la necesidad de poner en palabras la experiencia y el persistente interés por lo social.

Fue la manera que encontré de dar sentido a la experiencia; esfuerzo por vivir consciente de quien se es, de las condiciones de nuestro mundo y de nuestro lugar en él, defendiendo nuestra particularidad, bus-

2. Centro de Difusión e Investigación de Literatura Infantil y Juvenil

cando un modo propio de hacer, de decir y de sentir como individuos y como pueblos. De este modo he visto siempre a la escritura, igual que un territorio para comprender y ser comprendidos, una inmersión en nosotros para conocernos y conocer algo de la sociedad de la que formamos parte. El acto de escribir igual que un más allá (o más acá) de la ensoñación, un ejercicio de lucidez, un hacer de ojos abiertos. Búsqueda de palabras que nos ayuden a despertar a nuestro tiempo, a nuestra sociedad y a nuestra lengua; reflejo de convicciones y contradicciones, de conocimiento y sensibilidad, de confusiones y prejuicios. Intentos de mirar «desde los ojos de los demás» ciertas imágenes hasta que nos interpelen para poder, quizás, interpelar alguna vez a otros. Para eso trabaja quien escribe con ese patrimonio común que es el lenguaje, sin otro deber —creo— ni otra obligación que mirar y escuchar con atención, persistencia, imprudencia, o desobediencia, no para dar respuestas sino para generar preguntas. Es en la búsqueda de lo propio, que es también lo desconocido de nosotros, donde encontramos las voces de los otros, la propia voz que deviene colectiva y la voz de muchos convertida en propia. Considero que ahí, en esa ligazón entre lo más íntimo y lo público, reside el lazo sagrado entre un escritor, su lengua y su sociedad. No hace mucho tiempo escuché, en boca de un bibliotecario colombiano, un poema de Gerardo Diego que conocía desde joven, un poema que en su momento había leído (y probablemente haya sido escrito) como un poema de amor individual, íntimo, y que se desplegó de pronto en su más profundo sentido social. Dice el poema: «Adentro, más adentro, / hasta encontrar en mí todas las cosas. / Afuera, más afuera, / hasta llegar a ti en todas las cosas».[3]

Tengo la pretensión de captar algo en lo más hondo de nuestra vida social, algo de su complejidad, porque más allá de dónde sucedan mis relatos o poemas siempre escribo intentando comprender quién soy y de qué sociedad formo parte, tal vez respondiendo al deseo de mi padre de que sus hijos no fueran de otro sitio sino de aquí, de mi país, para que no tuvieran que desarraigarse como lo había hecho él. Finalmente, como en aquel viaje que una adolescente hace desde un pueblo a la ciudad, siento que mis intereses —la construcción de lectores, los libros para niños, los talleres de escritura, la escritura de las mujeres, entre otros— también han ido desde la periferia a un centro. Es casi un lugar común decir que en un escritor los estudios sistemáticos de letras sobran, obstaculizan el camino de creación, desvían el deseo de escribir, obstruyen el imaginario. No sé cómo se ha instalado ese mito. Por mi parte, nunca sentí que esos estudios sobraran; más bien intenté, hasta donde pude, estimularlos, desarrollarlos, para mí y para mis espacios de docencia. Es verdad que los procesos de creación implican desvíos de la norma,

3. Gerardo Diego, *Versos humanos (1919-1924)*, Madrid, Imp. de Amando Sáenz, 1925

pero también es verdad que necesitan nociones de las formas y de la sistematización del conocimiento para poder tomar los propios y singulares desvíos. Ante la oportunidad que me da este premio de regresar simbólicamente a esta casa, quisiera agradecer a la universidad y al país en el que esta universidad —que tiene dos veces la edad de la nación— se contiene y se expresa. Agradecer a quienes debiéndoles yo tanto hoy me honran de este modo.

Leído en la entrega del Premio Cultura,
Universidad Nacional de Córdoba,
14 de noviembre de 2012

Libros sin edad: acerca de libros, lectores, dádivas y puentes

Cierta vez, mi papá trajo a nuestra casa una *Historia ilustrada de la pintura*. Estoy hablando de una época en que no sólo no existía internet, sino que casi tampoco accedíamos a reproducciones, de modo que en aquel libro que tenía pequeñas imágenes de grandes obras, rectángulos no más grandes que una cajita de fósforos, a razón de cinco por página, vi casi todas las obras de arte que conozco. Así sucede que un libro que hace muchos años fue a parar a otras manos, está en mi memoria como una suerte de museo universal, la matriz de todos los museos a los que he ido y todos los que nunca visitaré. Ahí estaban *La Anunciación* de Simone Martini, *Santa Ana con la Virgen y el Niño* de Leonardo, *La pesadora de perlas* de Vermeer, *La muerte de la Virgen* de Caravaggio, *La batalla de San Romano* de Paolo Uccello, *Adán y Eva* de Durero, *Las espigadoras* de Jean-François Millet, *La comida frugal* de Picasso, *Los jugadores de cartas* de Cézanne, entre muchos otros (mientras repaso en la memoria aquellas imágenes me pregunto por qué no habría en ese libro mujeres, ¿es que acaso ellas no pintaban?). Estaba también el *Autorretrato ante el caballete* de Rembrandt. Aun en aquella pequeña reproducción se podían ver los ojos desolados de un hombre que lo tuvo y lo ha perdido todo, un hombre al que le han embargado cuanto posee, incluso lo que su mano es capaz de producir, pero que aun así no puede dejar de pintar. Está frente a nosotros, con su gorro de dormir y su camisón; ha levantado los ojos de la tela y nos mira. Desde 1660, la fecha de su realización, no ha dejado de preguntarnos: «¿Has visto lo que soy, en qué me he convertido?». El hombre que se pintó a sí mismo más de sesenta veces, aquel al que podríamos considerar un egocéntrico, se ha convertido en su opuesto, una persona capaz de mirarse sin prejuicios y sin piedad a lo largo de la vida y de mostrarse ante nosotros joven, soberbio, excéntrico, maduro, sensato, dolorido, miserable… en fin, un hombre. La imagen de ese hombre (el que habita detrás del artista) me persiguió tanto que terminé escribiendo un poema que se llama, precisamente, «Autorretrato ante el caballete», del que reproduzco un fragmento: «Esto es lo que queda / de un hombre que se muere: / un pincel y la mano agrietada / que sostiene el pardo, el rojo, /el amarillo… la mano que va, / que se desvela, desde el charco / de luz hacia la tela».[4]

Hace poco pude ver finalmente, en el Louvre, el original de aquel autorretrato, uno de los últimos del holandés, un óleo sobre lienzo que en su tamaño real mide 111 × 90 centímetros. Ahí estaba, cincuenta años más tarde de aquel descubrimiento de infancia,

4. María Teresa Andruetto, *Beatriz,* Córdoba, Argos, 2006

el hijo del molinero despojado ya de toda ambición, quien perdió todo por aferrarse a las cosas del mundo. Este Rembrandt que —en esa tarea de sucesivos despojos de lo superfluo que es envejecer— a medida que perdía cosas y personas, como dice Genet, se fue volviendo bueno y levanta la cabeza para decirnos: «A esto llegaremos, también vos que estás ahí mirándome a lo largo de los siglos». Debo el amor por esa obra, un amor de casi cincuenta años, a aquel libro sin duda no destinado a una niña, y a un cuadernillo de Genet con un dibujo de Saskia en la tapa. Un libro puede abrirnos la puerta hacia grandes obras, y las puertas que se abren traen consecuencias.

UNA ANCIANA LEE LIBROS PARA NIÑOS

Me escribe una amiga; su mamá cumplió noventa años y le hicieron —la hija, las nietas y sus pequeñas hijas—, en el departamento donde vive con una persona que la asiste, un pequeño cumpleaños. Cuando el sencillo festejo comienza, la madre dice que no pueden celebrar: «Es que no ha venido mi hija». Mi amiga es su hija y pasa algunas horas todas las tardes con su madre en ese mismo departamento. «Ya no me amarga que no me reconozca», dice, aunque yo sé lo que le cuesta. Mi amiga me escribe para contarme que, en el arrasamiento de la desmemoria, su madre —que ha sido maestra y muy lectora— recuerda a los personajes de algunos libros que leyó, entre ellos al muchachito de uno de mis cuentos titulado «Pecesitos de oro», que hace años le regalé. Antigua atracción por el objeto y por las dedicatorias. La que ya no puede leer, aunque disfruta si le leen, siente felicidad al recibir un libro y es por eso que algunas personas que la quieren se los envían de regalo, por correo. A la madre de mi amiga le gustan esos objetos, le gusta ese sistema de circulación, que los libros lleguen con dedicatorias que su memoria modifica según el ánimo. Así es que algunos libros llegan y la madre y la hija los leen en voz alta, comparten algunas páginas y en el encuentro siguiente recomienzan... Hacen esto una y otra vez porque la madre siempre quiere leer desde el principio. Lectura de a dos, conversaciones sobre personajes que, apenas esbozados, comienzan a tener en la que escucha otros derroteros, una vida distinta de la que el escritor les había deparado. Mi amiga me comparte: «Más adelante, cuando ella no esté, recordaré estos momentos como un abrigo, por la conexión con los placeres que ella tuvo y por los vínculos que establecemos. Ante una enfermedad así es difícil la comunicación, pero ahí las dos encontramos un rinconcito soleado». Después, la reflexión de mi amiga sobre la escena con su madre se vuelve, si cabe, más íntima: «¿Sabés?, de pronto en medio del Alzheimer estábamos hablando de literatura, con los ojos brillantes de siempre, ese lugar en lo más hondo, ya cuando la razón se va retirando».

Dádiva es *donativo* o *regalo,* conforme al diccionario, aunque en el castellano argentino esa palabra evoque de algún modo la limosna. Los diccionarios también hablan de ofrenda, lo que tiende un puente hacia lo sagrado. Obsequio, ofrenda, óbolo, moneda que se paga a los que vienen en nombre de quienes estuvieron antes. Puente entonces, «palabras-puentes hacia otros. / Hacia otros ojos van y no son mías. / No solamente mías [...] Vinieron de otras bocas / y aprenderlas fue un modo / de aprender a pisar, a sostenerse»,[5] dice un poema de la uruguaya Circe Maia que se titula justamente «Palabras". Libros como dádivas, ofrendas o puentes hacia otros y hacia zonas desconocidas de nosotros. Puentes también hacia lo sagrado, porque hay algo sagrado en la vinculación entre un escritor, su lengua y su sociedad. A un extremo y al otro de lo escrito y lo leído hay personas que se encuentran, y ese momento que ofrece la lectura es el puente en el que se encuentran subjetividades que pueden incluso, como bien sabemos, ser de distintos siglos, de distintas culturas, de distintas lenguas. Leemos porque deseamos cruzar esos puen-

5. Circe Maia y María Teresa Andruetto, *La pesadora de perlas: obra poética y conversaciones con María Teresa Andruetto,* Córdoba, Viento de Fondo, 2013

tes, acceder a experiencias que no podríamos transitar de otra manera; pero los libros no son sólo puentes entre personas, sino también entre las condiciones de humanidad de una cultura y las formas estéticas que a partir de ellas se generan, entre el mundo íntimo de quien escribe y la sociedad a la que éste pertenece, entre «el yo más propiamente mío» del que habla la poeta italiana Patrizia Cavalli y las voces de muchos otros. Puente y donación que se hace por escritura pública. Escritura privada que se vuelve pública.

¿De quién y para quién es un libro?

Me gusta recrear una escena que relató cierta vez el escritor español Bernardo Atxaga:

> En una calle de un pueblo, en Mozambique, un chico de pies descalzos aborda a una estudiante que lleva un libro en brazos. A medias, en la cubierta del libro, asoma la foto del autor. El chico ve en esa foto a un hombre que conoce.
>
> —¿Ese libro es de Mia Couto? —pregunta.
>
> La estudiante dice, sorprendida, que sí, que es de Mia Couto. Entonces el chico le arranca el libro de las manos y corre hacia la casa de Mia Couto, en la que su madre trabaja de sirvienta. Va a devolverle el libro a quien le pertenece. Va a restituir el libro a su autor.

¿De quién y para quién es un libro? ¿A quién pertenece, cómo apropiarnos de él, más allá del autor, la editorial, el librero, la biblioteca? Y si el libro es del lector, entonces, ¿qué libro es para qué lector? Por cierto que el chico de Mozambique cambiaría su idea de la propiedad si aprendiese a leer. En el acto de leer, un libro se repliega en su condición de objeto que tiene dueño para convertirse en un ser vivo, capaz de interrogarnos, perturbarnos y enseñarnos a mirar zonas aún no comprendidas de nosotros mismos. En esa diversidad de experiencias, en esa multiplicidad de sentidos en la que los libros nos sumergen, está su riqueza, y la posibilidad de buceo en nuestras zonas indómitas, esas zonas de las que mucho habló Graciela Montes. No creo en los libros ni en la literatura fuera de los lectores; para que un libro sea para un chico o un adulto, no un objeto inerte, sino ese artefacto que interroga/que interpela/que ahonda en nuestra viva condición, debe ese chico o ese adulto convertirse en un lector. Y ahí, donde hay un lector, hubo antes otros lectores, una familia, un maestro, un bibliotecario, una escuela, un otro o unos otros que tendieron puentes. A la construcción de esos puentes y a la calidad de esos puentes, deben ir nuestros esfuerzos.

Siempre me ha llamado la atención la tendencia que tenemos los seres humanos a etiquetar, clasificar, poner a andar nuestros prejuicios antes de comprender al otro, escucharlo en su condición de otro. En cierto modo podría decir que la escritura es el camino que encontré para intentar desarticular en mí los prejuicios que me asaltan con respecto a personas o asuntos, porque escribir (lo mismo que leer) es mirar intensamente y seguir en su transformación a un personaje en un camino que no sabemos hacia dónde nos llevará. Lo cierto es que me he visto a mí misma en mis prejuicios muchas veces, como pueden reflejarlo algunas experiencias de lectura que a continuación relato.

Hace ya muchos años (entre 1984 y 1988) coordiné talleres de lectura con chicos presos. Se trataba de un grupo de menores de entre nueve a diecisiete años de edad, que habían cometido homicidios o delitos a mano armada en causas con personas mayores. Mi mayor preocupación era encontrar algún tipo de literatura que les interesara. Me decidí por cuentos fuertes, donde aparecieran la pobreza y la violencia, porque me parecía que si ellos habían vivido esas experiencias, sus intereses serían bien diferentes de los de otros niños y otros jóvenes de esa edad. Sin duda, era un prejuicio. No funcionó. Y así seguí de un material a otro, dando tumbos durante meses hasta que un día descubrimos, ellos y yo, de modo completamente azaroso, un punto de encuentro: los cuentos maravillosos. Maravillosos cuentos de amor entre príncipes y princesas.

Otra experiencia, más reciente, en una escuela a la que fui invitada como escritora va en el mismo sentido. Una escuela primaria, pública, en una pequeña ciudad turística de mi provincia. Alumnos de quinto grado y una docente muy entusiasta realizan un proyecto de lectura que incluye un diario de lector que los alumnos de quinto y sexto llevan durante los dos años que cursan con ella. Advierto enseguida que la artífice de todo es ella, que el proyecto se hace sólo en los dos cursos a su cargo, que no es un proyecto institucional. La escena que nos compete: más de sesenta alumnos sentados en el suelo, y yo frente a ellos en una silla, dispuestos todos a comenzar el diálogo. Me sorprenden los chicos, muy inquietos, pero especialmente uno de ellos, que pregunta cuestiones muy precisas sobre los libros. Es menudo, morocho, gracioso y tiene una trencita roja muy fina colgándole del pelo; después supe que tenía once años y que en algún momento había repetido curso. Me pregunta especialmente sobre uno de mis libros, *El caballo de Chuang Tzu*. Cuando indago sobre su interés, me dice que trabaja para un señor que alquila caballos a los turistas; le digo que yo tengo dos caballos en mi casa, él conoce de pelajes, enumera alazán, colorado, pintado, bayo, moro, colorado cabos negros y otros nombres hermosos. Le regalé un libro, un poco aparte, en secreto, porque no tenía libros para todos, y a poco de eso se acercó un compañero, miró el libro y le preguntó: «¿Lo compraste?». Él respondió: «Sí». «¿Cuánto cuesta?», preguntó el otro, tan avispado como él. «Veintiséis pesos», dijo, con lo cual me pareció que había resuelto con inteligencia la situación: había comprendido que no debía decir la verdad por proteger al compañero, por protegerme a mí, por beneficiarse, tal vez por todo eso al mismo tiempo. Después —cuando el encuentro terminó y los chicos y la maestra fueron a una sesión de cine— me quedé hablando con la vicedirectora, quien se lamentó por el niño que venía de una familia con muchos problemas y que por esa razón no aprendía. «¿No aprende?», pregunté sorprendida. Ella contestó que el problema era la escritura: «Leer sí, pero tiene muchos problemas para escribir», y todo terminó en la palabra: «Pobrecito». Me pareció que un chico que era capaz de leer con entusiasmo, de relacionar lo que había leído con cuestiones de su vida, de hablar con soltura con la escritora que llegaba a la escuela, un chico que tenía esa vivacidad en la mirada, no merecía el adjetivo de *pobrecito*. Seguramente así lo comprendió la maestra, porque al despedirnos me dijo: «Tiene tanto entusiasmo que cuando no viene lo extraño. Faltaba mucho, pero cuando le dije que lo extrañaba empezó a venir, fue como mágico».

La tercera experiencia es un cuento «para adultos» llamado «Marvin» del escritor Gustavo Nielsen. El narrador es una maestra devenida en inspectora que narra la escena de un mago de labio leporino que por encargo del gobierno hace funciones de magia en escuelas rurales y que, en una escuela perdida, por azar o perspicacia, elige como protagonista de su número a la chica menos avispada de la clase.

—Un buen mago debe tener dos bocas: una para anunciar el truco y otra para callar la trampa. Yo las llevo separadas por esto —se señaló la herida—, así me aseguro de que funcionen correctamente. Con las cabezas a veces no pasa. En ocasiones uno tiene varias cabezas pero no están muy conectadas con el cuerpo.[6]

La elegida es Anita.

—Bien —dijo Marvin—. Anita tiene, si no me equivoco, una gran capacidad para el pensamiento y una imaginación prodigiosa, sólo que no las ha desarrollado aún, porque es chiquitita.¿Cuántos años tenés?

Ella asomó ocho dedos por sobre la puerta.
—Claro, ocho... Y cuatro cabezas, ¿les dije?
—Sí —contestaron los chicos.
—Sólo que no se le notan, porque nadie las conectó.[7]

Después de hacer su truco, el mago dice:

—Esto no es magia, es lo que había dentro de Anita —dijo el Mago—. ¿Notan alguna diferencia? Nadie lo notó —dijo—, pero ya lo van a notar. Anita tiene las cabezas conectadas de nuevo. Eso

6. Gustavo Nielsen, *Marvin*, Buenos Aires, Alfaguara, 2003
7. *Ibid.*

es tan importante que, si no lo advierten, es porque las de ustedes están mezcladas...[8]

El cuento continúa en su derrotero hasta que la narradora —entonces maestra y ahora inspectora— dice:

> Yo no pude explicarme cómo, pero aquella nena un tanto deficiente [...] comenzó a leer de corrido y a escribir sin faltas. Le presté los libros que tenía [...][9]

LIBRO COMO FISURA: PUENTE HACIA LA MEMORIA DE UNA LENGUA Y DE UNA COMUNIDAD

Libro como moneda que se paga a los que vienen, en nombre de quienes estuvieron antes con nosotros. Los griegos hacían suceder sus tragedias en la puerta del palacio, ese umbral donde lo privado se vuelve público, porque desde ahí se puede escuchar el grito de la que habita la casa y oír al mensajero que llega desde tierras extranjeras con la mala nueva. Lo privado y lo público: así va la escritura a mirar en lo pequeño, en lo íntimo, para comprender los comportamientos de una sociedad. La literatura es memoria y, como tal, necesita construir con pa-

8. *Ibid.*
9. *Ibid.*

labras un plus, una distorsión o un corrimiento de sentido, una fisura que nos permita ir en busca de lo que todavía desconocemos. Torsiones a la lengua para construir un estado de interrogación en busca de *otra cosa, otras cosas,* algo más. Viaje incierto hacia nuestros puntos ciegos, con la lengua de todos como herramienta, para construir un *no saber* que nos lleve hacia nosotros mismos.

¿De qué hablamos cuando hablamos de libros?, ¿de qué hablamos cuando hablamos de lectores niños o adultos? Y regresando a la escena que nos narraba Bernardo Atxaga, ¿de quién es un libro?, ¿quién y por qué razones decide eso? Barthes habla de *punctum:*

> No soy yo quien va a buscarlo, es él quien sale de la escena como una flecha y viene a punzarme. En latín existe una palabra para designar esta herida, este pinchazo, esta marca [...] a ese elemento que viene a perturbar... lo llamaré *punctum* pues *punctum* es pinchazo, agujerito, pequeña mancha, pequeño corte, y también casualidad.[10]

Aunque se editen hoy tantos miles de libros, los buenos son, en proporción, pocos. Las posibilidades que un libro tiene de permanecer, de habitar en la memoria de un lector (que es la verdadera forma de permanecer que tienen un escritor y un libro)

10. Roland Barthes, *La cámara lúcida*, Barcelona, Paidós, 2009

son remotas. Pasan y pasan en este mundo no sólo objetos, programas de televisión, noticias... Una cosa tapa a otra rápidamente, y pasan también muchos libros, como un vértigo que no permite que queden en nosotros vestigios de su existencia. Sin embargo, y a pesar de todo eso, algunos se quedan. Un buen libro es capaz de quedarse en nosotros, como se quedan las personas que amamos. Un objeto capaz de permanecer vivo entre el mar de libros que se edita, y somos nosotros, los lectores, los que decidimos qué libros quedarán vivos en nuestros corazones, los que ofrecemos como territorio de siembra nuestra memoria, para que se instalen, crezcan, permanezcan. Lo cierto es que algunos de ellos abren una grieta: no nos permiten el olvido. No siempre se trata de los mejores libros —¿quién podría asegurar: «estos son los mejores libros»?—, sino de aquellos que disparan una flecha que, como el amor, como el amado, no flecha a todos por igual. No atesoramos el libro mejor escrito, atesoramos aquel que por razones que no siempre comprendemos nos interroga acerca de nosotros mismos. El encuentro con ese libro no depende sólo de lo que tiene o es en sí mismo, sino de una conjunción misteriosa de ese objeto, el lector y la ocasión de encuentro, ese puente que une a quien escribió con quien lee, un puente que levantan editores y mediadores.

Un Haiku de Issa dice, en la traducción a la que he tenido acceso:

> Esta gota de rocío
> es una gota de rocío
> y sin embargo...[11]

Ha venido en mi auxilio ese poema del poeta peregrino para cerrar estas líneas. He expuesto todo esto intentando decir que no creo en las clasificaciones sino en el encuentro de los lectores con los libros, en un encuentro que, por lo menos en los comienzos de vida lectora, necesita ayuda, puentes. Intenté decir que tenemos la responsabilidad social de construir puentes de lectura, para que, como dijo Antonio Candido:

> El derecho a la literatura esté incluido entre los bienes que no se le pueden negar a nadie, porque corresponden a necesidades profundas del ser humano. La literatura no sólo como un instrumento poderoso de instrucción y educación, sino también como factor de perturbación y de riesgo,

11. Alberto Manzano y Tsutomu Takagi (comp.), *Haiku de las estaciones: antología de la poesía Zen*, Barcelona, Visión, 1985

un camino que ni corrompe ni edifica, sino que humaniza en sentido profundo, pues hace vivir.[12]

He dicho o he creído decir que a la hora de escribir poco importa, o nada debiera importarnos, hacia quién irá lo que escribimos. He dicho algo de todo esto y, sin embargo, como en el Haiku milenario, persiste algo que no consigo explicarme, porque todos sabemos —también yo— que si bien las fronteras son difusas y las zonas de lectura se corren todo el tiempo según tantos condicionantes y circunstancias, y los lectores son siempre únicos y desconcertantes en sus deseos e intereses y nos toman siempre desprevenidos, por más editores o mediadores que existan no todos los libros son para todos los públicos. Entonces, al menos yo, me rindo a esa zona de misterio que cada ser humano tiene y que cada libro tiene, me entrego a la incerteza, que en la escritura es el camino más difícil pero también el más necesario y el más fecundo. Porque un poema, un cuento, una novela, pueden ser un puente, eso es algo que tal vez sabemos. Lo que no sabemos es, en cada caso, hacia dónde y hacia quiénes y hacia qué conduce ese puente, pero quizás eso pueda intuirlo mejor un editor, un mediador, que son al fin y al cabo quienes saben construir puentes entre escritores y lectores.

12. Antonio Candido, *El derecho a la literatura*, Colombia, Asolectura, 2013

Leído en el Coloquio Internacional
«Esses livros sem idade»,
Niterói, Río de Janeiro, 4 de octubre de 2012

EN BUSCA DE UNA LENGUA
NO ESCUCHADA TODAVÍA

La cordobesa Rosalba Campra, radicada en Roma, expresa:

> La única lengua en la que sé, o quiero, o me proporciona placer escribir, es ésta que, aunque se llame sólo materna, es también la lengua de mi padre, de mis abuelos y mis hermanos, de la familia entera. Y de las maestras, la lavandera, los compañeros de juegos y peleas, la señora que traía los quesillos envueltos en hojas de achira.[13]

La lengua. Es de la lengua que quisiera hablar.

El patrimonio —los bienes, la tierra que se habita— puede que sea de los padres, pero es materna, aunque haya sido legada por un hombre, la lengua que nos cobija. Es extraña, diversa, la relación de cada escritor con los padres, con la lengua y con su pueblo. El poeta barroco Luis de Tejeda, quien vivió y escribió en una colonia española que acababa de nacer, que compuso prosas y versos en latín y que seguramente se sentía español, es considerado el primer poeta de América. Guillermo Enrique Hudson,

13. María Teresa Andruetto, «Esa lengua inevitable», *La Voz del Interior*, Córdoba, 23 de abril de 2009

hijo de ingleses que nació en la pampa argentina y murió en Inglaterra, es uno de los escritores fundacionales de mi país, aunque toda su obra haya sido escrita en inglés. Borges, formado mitad en una biblioteca de libros ingleses suministrados por una de sus abuelas y mitad en un bachillerato de Ginebra, decidió escribir en castellano. Cortázar, nacido en Bélgica y con una vida entera en París, construyó sus ficciones para el lector rioplatense que estaba dentro de sí… En fin, la literatura argentina está llena de esos ejemplos. También están los escritores que, desde la nuestra, se cruzaron a otras lenguas. Por ejemplo, el caso singular de Witold Gombrowicz, novelista y dramaturgo polaco de origen noble que, poco antes del estallido de la segunda Guerra Mundial, quedó varado en Buenos Aires, donde pasó años en condiciones de pobreza, durmiendo en los altos de un bar y trabajando como mozo a destajo hasta que obtuvo un puesto en un banco polaco. Estando él en mi país, con un castellano todavía precario, tradujo una de sus novelas con sus camaradas de café que no sabían polaco, entre los que estaba el escritor cubano Virgilio Piñera, lo que dio por resultado una escritura compleja, extraña y vanguardista que terminó por influir fuertemente en una línea de nuestra tradición literaria. El gesto de Gombrowicz de traducir su novela *al uso nostro,* ayudado por sus compañeros de juerga (lo que produjo seguramente una obra muy diferente de su original polaco), es el intento desesperado de un escritor por insertarse en una comunidad de lectores.

La lengua es, sin duda, nuestro tema. Durante la pasada dictadura, los escritores argentinos en el exilio español se preguntaban qué hacer con nuestro lenguaje. Elijo dos respuestas a esa pregunta, fragmentos de cartas. David Viñas, en julio de 1980, dice en una de ellas: «¿Qué hacer con nuestra lengua? ¿Se academiza la cosa, se la 'agayega', se le pone almidón y se la plancha?».[14] En otra carta, de agosto de 1980, el escritor Antonio Di Benedetto, comenta:

> He procurado clarificar un tanto el vocabulario para el lector español, sin dar la espalda a mi potencial lector argentino o latinoamericano. Con tal criterio he sustituido algunas voces. Ejemplo: no «saco», que aquí sugiere «bolsa», sino chaqueta, dicción que no es extraña al argentino, ¿verdad?[15]

¿Verdad? Podemos oír un grito ahogado en ese «¿verdad?», un gesto casi tan desesperado como el desopilante gesto de Gombrowicz, porque la elección de la lengua (y dentro de ella, la de sus infinitos matices) indica en qué sistema literario puede o quiere insertarse un escritor, por quiénes y de qué modo desea ser leído y cuál es el costo que ese escritor está dispuesto a pagar para encontrarse con sus lectores.

14. Julio Cortázar, *Cartas 5: 1977-1884,* Buenos Aires, Alfaguara, 2013
15. *Ibid.*

Cuando comencé a publicar y se abrió tímidamente alguna posibilidad de editar mis libros fuera de Argentina, la lengua, eso que es la materia, la argamasa con la que trabaja un escritor, comenzó a presentarse como un obstáculo. «No es el libro, no es la historia, es el lenguaje [...] tan argentino», me dijeron en muchas ocasiones y ese obstáculo persistió por mucho tiempo, con distinta fuerza, en algunos países de Latinoamérica y, sobre todo, en España, el lugar más difícil para colocar un libro para los escritores latinoamericanos; tal es la resistencia del castellano español con respecto a otras modalidades americanas de la misma lengua. El argumento de editores y agentes que intervienen en la circulación de los libros es que los niños de un país no entienden las palabras de otro país, seguramente por la convicción de que sólo debiéramos leer lo que ya conocemos, no con la idea de una lectura como puerta abierta a mundos nuevos y a otras modalidades de la cultura y de la lengua.

¿Qué puede hacer un escritor ante un obstáculo de esta naturaleza? Hay varias opciones, en cuyos extremos está abstenerse de publicar y de circular en la península o en otros países de este continente, o adaptar su lengua —españolizarla o mexicanizarla o...— perdiendo entidad, identidad, hondura y calidad de escritura, como buscaban desesperadamente hacerlo en el exilio español los dos escritores argentinos que ya cité. Se trata, sin duda, de un problema complejo, y aunque no somos los únicos, tal vez quienes estemos en el grado más extremo de tensión con otras modalidades del castellano, y particularmente con el castellano peninsular, seamos precisamente los escritores argentinos, por el devenir que tuvo en nuestro país el desarrollo de la lengua.

La cuestión de la lengua, la cuestión de si hablar castellano o una lengua indígena, la cuestión de qué castellano hablar y escribir, la cuestión de si era conveniente seguir a pie juntillas a la Real Academia del país del cual estábamos independizándonos o si debíamos dejar que la lengua, aun siendo la misma —la misma y otra—, se independizara a su vez y corriera a su aire, aceptando nosotros, sus hablantes, las transformaciones que le íbamos dando, se discutió en mi país en la segunda mitad del siglo XIX. Esa cuestión, que en nuestras carreras de letras se estudia como «La polémica acerca de la lengua» (polémica que, por supuesto, es lingüística y estética pero sobre todo fuertemente política), se dirimió en el marco del movimiento estético político romántico y la llevaron adelante Sarmiento, Gutiérrez, Echeverría y Alberdi, los cuatro grandes románticos argentinos, lo que es casi decir los fundadores de nuestra literatura. De todo lo anterior emergió la convicción de que en nuestro país se debía hablar castellano, pero que ese castellano no necesitaba sujetarse a pie juntillas a los dictámenes de su casa central. De modo que ser un escritor argentino también es ser un escritor desobediente ante la demanda de casticidad.

Viví mi infancia en un pueblo de provincia de este continente nuestro, hablando un castellano que es y no es una sola única lengua, sino un conjunto de variables mestizadas por pueblos originarios, aportes árabes, africanos, europeos y asiáticos que —esclavizados, sometidos, aceptados o bienvenidos— impregnaron nuestros modos de decir y de pensar. Buena parte de la riqueza de un pueblo reside en el desarrollo de una conciencia sobre sí y sobre el lugar que ocupa en el mundo, y como sabemos, vivir conscientes de nosotros mismos es defender nuestra particularidad como individuos y como pueblos. Esto es algo que debemos tener presente a la hora de revisar archivos de edición, textos y entrevistas, porque en todos los campos, pero particularmente en el de la edición de libros para niños (tan atravesada todavía por el deber ser, la funcionalidad, el utilitarismo y el deseo de enseñar), es muy fuerte la demanda de que los libros unifiquen sus asuntos y sobre todo los usos del idioma, de que se vuelvan un poco neutros... tan neutros y ubicuos como se pueda, para ver si de ese modo (como se dice en la jerga editorial) pueden ser potencialmente más vendibles a lectores de otras idiosincrasias y logran extender sus dominios. Pero la literatura, si en algún sitio reside es en lo particular (lo propio de los asuntos y de la lengua), en la permanente inestabilidad de la lengua; allí es donde está su territorio, y es eso particular que ella alcanza en sus mejores momentos lo que hace eco en la eventual singularidad de los lectores, porque, como lo imaginaron los neorrealistas italianos, lo universal es lo local sin límites.

Como mencioné antes, en muchas ocasiones me han dicho que mis libros eran «demasiado argentinos» y eso mismo les han dicho a otros escritores y escritoras de mi país, y con otras variantes («demasiado mexicano», «demasiado colombiano», «demasiado chileno o peruano o boliviano o…») han rechazado textos valiosos de autores de otros países de Latinoamérica. Hablamos de eso en cafés y jornadas, por momentos preocupados, molestos otras veces, pero sobre todo conscientes de que es justamente ahí, en los múltiples matices que tienen nuestros modos de decir, donde reside el desafío y la riqueza de un escritor; trincheras de la lengua para defensa de lo más propiamente nuestro, el camino hacia la propia cosa de la que hablaba la gran Clarice Lispector, la propia cosa y el propio modo de decir, porque la máxima aspiración de un escritor es construir con la lengua de todos una lengua no escuchada todavía.

Está claro que mientras más ahondamos en lo particular, mientras menos estándar es la escritura de un autor, más difícil se vuelve su exportación lisa y llana, porque al ser cierto texto menos utilitario y funcional, necesita para su circulación en otros espacios y en otras comunidades lingüísticas mejores lectores. Y ahí reside, sin duda, el problema por resolver. Cuanta más diversidad y profundidad de escrituras tengamos, mejores lectores necesitaremos. O mejor dicho: mientras mejores lectores podamos construir, más hondas y diversas serán las escrituras que se manifiesten en la gran patria de la lengua, porque literatura y construcción de lectores son dos caras de una misma moneda, cuya dialéctica alimenta y sostiene el desarrollo subjetivo de un pueblo.

Pero volvamos a nuestra pequeña y modesta resistencia ante la demanda de uniformidad en los modos de decir. Por una parte, ya que el pensamiento se construye en y con el lenguaje a través del cual se manifiesta, podríamos avanzar un paso en nuestro razonamiento y decir que en realidad no sólo se trata de una demanda de uniformidad en los modos de decir sino también en los modos de pensar. Por eso, si bien muchos escritores terminan accediendo a esas demandas, otros tantos se sostienen, como pueden, como podemos, en el desacato, el desacomodo, el rechazo al reclamo de un lenguaje que tienda a lo neutro, el rechazo al reclamo de un castellano uniforme, apto para todos los públicos. No se trata de un capricho, se trata de la búsqueda de nuestra particularidad, que anida, por supuesto, en la particularidad de nuestras lenguas, en usos que van más allá del código, la fonética o la sintaxis común; desvíos de cierto extranjero deber ser para encontrar en lo individual más hondo, allí donde refracta lo social, ecos de la lengua de un pueblo, de una región, de una comunidad, de un sector social. Y en esa búsqueda, por ese camino de palabras, ir hacia la conquista de una lengua que, sin dejar de ser íntima, sea el eco de las voces de muchos. Una grieta a través de la cual podamos acceder a una lengua privada en el inmenso mar de la lengua social; una grieta desde donde —eso vendría a ser, creo, la literatura— construir un territorio de contrapoder frente a lo uniforme y lo hegemónico.

Lo que escribimos siempre es fruto de nuestro tiempo, de nuestra sociedad, de nuestra experiencia, de nuestra geografía, de la particular construcción que del lenguaje de todos hizo la sociedad a la que pertenecemos. Lo es no tanto por las peripecias que narramos sino sobre todo —si hemos sido honestos con nuestras búsquedas— por el particular uso que hacemos de la lengua, que es donde se reflejan nuestras convicciones y nuestras contradicciones, nuestro conocimiento y nuestra confusión, nuestras pulsiones y nuestras reflexiones, en fin, nuestra subjetividad en toda su incandescencia.

Como decía antes, no parece que esta cuestión sea un problema sólo de escritores argentinos, porque también se presenta en países que han tenido una relación más fiel con el castellano peninsular. De eso habla Yolanda Reyes en un libro con reflexiones de varios escritores colombianos que se titula, precisamente, *Colombia escribe en español:*

> Si es cierto que somos lo que hablamos, si es verdad que estamos hechos no sólo de carne y hueso sino de símbolo, valdría la pena abrir el mundo de los niños a todos los acentos que transportan la infinita diversidad de lo que somos, sin «tradu-

cir» de un español a otro: del colombiano al mexicano o al argentino o al español peninsular, como sugieren maestros y editores de libros infantiles para facilitar la «comprensión» de nuestros jóvenes lectores. […] Como en los juegos de la infancia, las palabras eran esa comida invisible que me servía en tacitas de mentira para saciar la sed de imaginar. «Yo le enseñé a decir camarón con chipichipi, chévere, zapote y otras cosas que no puedo repetir. Ella me enseñó a besar», dice Santiago, un niño colombiano de once años que se enamoró de una sueca llamada Frida durante sus vacaciones en Cartagena.[16]

Esta lengua que tantas veces parece separarnos, más que unirnos, dice también Yolanda:

La lengua: ese lugar de encuentro donde conviven las voces y las historias de los otros. […] Hablarla y escribirla es encontrarse con todos en esa línea del tiempo, fluctuante e invisible, que existe más allá de cada uno y que a la vez nos pertenece, sin ser estrictamente de ninguno. Habría que hacer partícipes a los niños de esa conversación a tantas voces, sin traducciones ni fronteras. Rescatar las voces, los acentos, las ca-

16. Yolanda Reyes y otros autores, «Dejar que todos los acentos lleguen a los niños», en *Colombia escribe en español*, Bogotá, Grupo Santillana y Academia Colombiana de la Lengua, 2006

dencias, las maneras de cantar y de movernos, los olores y los sabores que nos hacen diferentes.[17]

Porque ¿qué es hablar bien? Un idioma es una entidad en permanente movimiento, en permanente transformación; es una inmensidad, es un río. Imposible detenerlo; dentro de un idioma caben muchas lenguas como caben muchos pueblos... La Argentina, por ejemplo, es un país que no se hizo sólo con descendientes de hispanohablantes, es un país que, como ya mencioné, mezcló la población originaria con la invasora y que recibió aluviones migratorios de italianos, árabes, vascos, polacos, judíos, coreanos, alemanes... Se trata de un país que nunca vivió el purismo idiomático, la necesidad de conservar la «casticidad», palabra por otra parte tan cercana a la castidad. En fin, que somos impuros (o mestizos, como quiera llamársele) y es impura nuestra lengua, y en esa impureza —que por supuesto también es nuestra riqueza— debemos meter mano quienes escribimos. Dice el colombiano Fernando Vallejo que preguntarse quién habla bien es una tontería porque el castellano se habla como se puede en todas partes, en todos los ámbitos del idioma; el idioma nuestro es un idioma de veintidós países entre los cuales contamos a España. España es una provincia más del idioma que, como expresa Yolanda Reyes, debiera unirnos a todos en lugar de separarnos.

17. *Ibid.*

Para riqueza de todos los lectores y de nuestras literaturas, peninsulares y latinoamericanas, deberíamos cuidarnos mucho de una escritura que se someta y se esclavice a la lengua general, a la lengua oficial; una escritura que ponga en retirada a cada lengua en particular. Deberíamos, como decía, tener cuidado de confundir la escritura con los cementerios de la lengua, porque una cosa es ser un buen prosista y otra muy distinta es ser un buen escritor. Una novela debe estar escrita en el idioma de la vida, que es el local, refiere también Fernando Vallejo. Y ¿qué es escribir bien?, ¿dónde reside eso que hace de un texto algo distinto, conmovedor para nosotros, construcción capaz de alojarse en nuestra memoria? ¿En qué palabras está alojado eso, y si no está en las palabras, dónde entonces?

En una ya vieja película argentina, un loco que toca el piano en la capilla de un psiquiátrico interpela a su psiquiatra: «¿Dónde está la música, doctor?, ¿en la partitura, en las notas, en mis manos, en usted que escucha?». De eso mismo habla un poema de la poeta uruguaya Circe Maia, titulado «Las cosas por su nombre»:

> ¿Y si no lo tienen?
> ¿Cómo se llama esta tristeza
> que te dan las tres notas ascendentes
> de la muerte de Aase en esta música?
> Cuidado, no se llaman por su nombre.
> Eso digo. Vas a tener que dar algún rodeo

para nombrarla.
Porque no existe fuera de las notas
y, sin embargo,
las notas no son ella.[18]

El carácter chino *wen*, dice Philipe Sollers en el prólogo a *De la gramatología*, de Jacques Derrida, significa los rasgos, las vetas de la piedra o la madera, las constelaciones, las huellas de las patas de las aves, el dibujo de los caparazones... Y también significa *literatura*, lo que es decir los grandes frescos que los pueblos no han dejado de erigir, de grabar, de dibujar a lo largo de los siglos. Resistencia denodada de los hombres a lo puramente utilitario y lo puramente tecnicista, resistencia frente a la subordinación y el servilismo. El lenguaje de la literatura da acogida y refugio a la experiencia de los hombres, nos «promete que lo que se ha experimentado no desaparecerá del todo»,[19] dice John Berger; sin embargo, nos advierte que una novela, un cuento o un poema usan las mismas palabras y más o menos la misma sintaxis que el informe anual de una corporación multinacional, la guía de teléfonos o el diccionario. «Que un poema o un cuento puedan utilizar las mismas palabras que el informe de una empresa no significa

18. Circe Maia y María Teresa Andruetto, *La pesadora de perlas: obra poética y conversaciones con María Teresa Andruetto*, Córdoba, Viento de Fondo, 2013
19. John Berger, *Páginas de la herida*, Madrid, Visor, 1995

más que el hecho de que un faro y la celda de una prisión puedan construirse con piedras de la misma cantera, unidas con el mismo cemento»,[20] dice el mismo Berger. Todo depende entonces de la relación entre las palabras, del modo en el que el autor se vincula no con el vocabulario, no con la sintaxis, ni con la estructura, sino con el lenguaje como lugar de reunión, de comunión con el lector.

Convicción de que la palabra, además de su función práctica, tiene otra función para nosotros (una función que todos los pueblos de este mundo han preservado), que puede ser vía de expresión de la subjetividad de un individuo y, a través de él, vía de expresión de un conjunto de individuos. Lucha de tantos hombres y mujeres que, en la cadena del tiempo, buscaron sostener el desvío de lo habitual, de lo oficial, de la norma, como motor de creación, como factor de mutación y transformación.

La escritura es algo muy diferente del lenguaje, porque no pertenece sólo a la conciencia, al mundo de las ideas, o al mundo conceptual. Antes bien, escribir es dibujar un trazo que ofrece sentido, extender esa mano hacia un otro. En la escritura hay un intento de dar forma a lo confuso, a lo informe. Siempre hay una ley que organiza esa materia informe, una arquitectura subterránea que se va visualizando lentamente, una arquitectura que genera efecto estético porque de algún modo puede ser inteligida;

20. *Ibid.*

refinada manera de preservarnos del tosco impulso y de la incontinencia verbal. Así, en el camino mismo de esa escritura las formas toman forma y van descubriendo la estructura capaz de sostener un edificio. Caos y orden están en el origen de los pueblos; no hay mito que no nazca ahí, en el relato de una fuerza que separa luces de sombras, que ordena el caos, que en el tiempo ancestral organizó el mundo. En las cosmogonías griegas está la figura del demiurgo que media; en el universo inca, por dar otro ejemplo, existe algo similar, una zona de transición entre Viracocha y la Humana Pareja, entre la confusión y el orden. Eso mismo hacemos, en nuestra pequeña, modesta medida, al escribir, al pintar, al crear. Ya lo dijo hace siglos Shitao, el paisajista chino del siglo XVII, «el pincel sirve para sacar a las cosas del caos». Ahí, entre otras formas de creación, trabaja la escritura; hundidos quienes escribimos en la confusión de nuestra subjetividad, intentando inteligir un orden posible, válido para esa sola única vez. Caos, orden, condición y fruto. El texto que deseamos compartir con los lectores es fruto de nuestros desvelos.

Pero bajemos un poco desde las cosmogonías americanas o griegas a este nuestro modesto mundo. Viajo a mi pueblo de origen a visitar a mi madre; voy en un ómnibus de línea. Una mujer de mi pueblo me reconoce, me cuenta acerca de su hija una historia de dolor tan honda que tengo que hacer un esfuerzo para no largarme a llorar en el ómnibus; me angustio después, no puedo evitarlo, y les cuento más tarde algo de esa angustia a los míos, pero el dolor de la mujer y la tragedia de su hija se quedan conmigo durante varios días y lentamente van deviniendo en anotaciones, un primer borrador de algo que tal vez en algún momento se constituya en un texto. No sucede siempre así, por cierto, pero algunas veces, sin saber muy bien yo cuándo ni cómo ni por qué, algo de los otros, algo de un otro, desconocido muchas veces, entra en mí como si fuera propio y pone a andar un motor de búsqueda de palabras que intentan darle forma a lo que siento, y por ese camino mostrarme a mí misma algo acerca de la condición humana. Caos y orden, nosotros y los otros, lo propio y lo ajeno, lo individual y lo social, lo alto y lo bajo, el sentir popular y la escritura, así sube a la boca de quien habla algo de lo mucho que a la gente le pasa. Esa conexión entre pueblo y escritura es sagrada. En la película peruana *La teta asustada,* un motivo popular tarareado/evocado con dolor por la mucama de la casa es tomado por su patrona, una pianista reconocida (aunque a la sazón con su creatividad un poco disminuida), como base de su recital. La película provoca en algún momento en nosotros, los espectadores, indignación, no por la apropiación de lo popular que hace la música de culto sino por la imposibilidad que la concertista tiene de agradecer, imposibilidad de reconocer el camino de regreso de ese motivo al territorio y la cultura de origen, la que dio alimento a la obra, una obra que sin la propia cosa de esa sociedad se volvería puro artificio. Es la ligazón entre las condiciones de humanidad de una cultura y las formas estéticas que a partir de ellas se generan lo que se ha perdido entre esas dos mujeres, porque una de ellas ha borrado las marcas del regreso a casa y ha desconocido el dolor de la otra, dolor que en algún momento había logrado mutar en armonía, en belleza. Ligazón entre las condiciones de humanidad de una cultura y las formas que un escritor encuentra, para regresar a dolores o regocijos sociales o personales que en la alquimia del trabajo alcanzan efecto estético. La escritura es «el lento camino hacia la propia cosa», dijo Clarice Lispector en esa frase que me gusta recordar, pero la propia cosa también es lo desconocido de nosotros mismos y de nuestra sociedad. Camino hacia lo particular de un individuo y de la sociedad a la que pertenece, lenta búsqueda de una voz que, siendo profundamente nuestra, se alimenta de las voces de tantos.

Lo desconocido de nosotros, lo hondo. Dice Yorgos Seferis: «Si quieres mejores resultados prueba cavando en el mismo sitio». Lo hondo es para los latinoamericanos también aquello que Rodolfo Kusch, el olvidado, llamó el hedor de América, el magma del que se extraen los modos de sentir y de hablar de este continente, las infinitas huellas de lo originario que tapado, clausurado en su momento por el castellano del invasor, suben finalmente por múltiples razones y por sesgados caminos hasta la boca de un individuo, hasta un escritor como si él fuera, de algún modo, un demiurgo. La lengua de nuestra América, esa lengua tantas veces no escuchada ni siquiera por nosotros, sus hablantes. Lengua que sume, que intente no olvidar a aquellos que hablaron o hablan en sus lenguas originarias; recuperación del saber del lenguaraz originario, de sus rastros sobreviviendo en los intersticios de las lenguas oficiales, subiendo desde lo hondo hasta dar forma a nuestra voz, a nuestras voces. Lengua que se quiere a sí misma, como quisieron el mundo los griegos o los incas, con su forma divina y vertical, con su forma humana y horizontal; lengua que engarce lo único, lo no escuchado todavía, con lo social, con el habla de todos.

Si un escritor no intenta sentir el palpitar de la lengua de su pueblo, de la sociedad a la que pertenece, entonces, ¿para qué? Por supuesto, el sentir de un pueblo, el palpitar de su lengua, no está en sus convenciones ni en sus estereotipos ni en sus diccionarios ni en sus declaraciones oficiales ni en su gramática ni en la corrección política, sino en ese lugar privado, tan íntimo, donde lo social se hace carne. Ese lugar desconocido de nosotros, tan inesperado también, en el que se encuentra lo que no se sabía que estábamos buscando, como en el relato que Juan Forn nos hace de un escritor lituano cuya última anotación en su diario fue la siguiente: «Había un hombre que se la pasaba buscando una melodía que había oído hacía mucho tiempo. Hasta que un día la encontró. Era sólo una nota, un tono, que había oído muchas veces: era el sonido de su propio llanto cuando dormía».[21] Escribir sería, creo, algo así como intentar oír el sonido de nuestro propio llanto cuando dormimos o escuchar finalmente el llanto adormecido de quienes nos rodean. Así, ir en busca de una lengua única hecha con la lengua de todos implica permanecer alertas, como los pescadores, pero con una red hecha de palabras (paradoja de paradojas, cazar palabras con palabras), porque la escritura es una aventura en el corazón del lenguaje, un relámpago de percepción para aprehender el mundo, para zambullirse en él, para comprenderlo. «Una manera de descorrer las cortinas de lo real, de iluminar los rincones oscuros de la existencia»,[22] como expresa en una entrevista la poeta Paulina Vinderman.

¿Qué es escribir bien? «No sé qué es un libro. Nadie lo sabe. Pero cuando hay uno lo sabemos. Y cuando no hay nada, lo sabemos como sabemos que existimos, no muertos todavía»,[23] dice Marguerite Duras en ese libro delicioso que se llama, precisamente, *Escribir*. En él explica también:

21. Juan Forn, «Yo recordaré por ustedes», Buenos Aires, *Página/12*, 2 de diciembre de 2011

22. Manuel García, (s. f.), «Paulina Vinderman: una vasija llena de memoria», disponible en www.mediaisla.net

23. Marguerite Duras, *Escribir*, Barcelona, Tusquets, 1994

Lo desconocido que uno lleva en sí mismo: escribir, eso es lo que se consigue. La escritura es lo desconocido. Antes de escribir no sabemos nada de lo que vamos a escribir. Y con total lucidez. Es lo desconocido de sí, de su cabeza, de su cuerpo. Si se supiera algo de lo que se va a escribir, antes de hacerlo, antes de escribir, nunca se escribiría. No valdría la pena. Escribir es intentar saber qué escribiríamos si escribiésemos.[24]

Es difícil decir qué es un buen libro, pero cuando algo de lo que ha sido capturado en él nos captura, lo reconocemos. Escribir nos enseña que el lenguaje es más grande que nosotros y que a veces un conjunto de palabras se transforma, se enciende... Para que la energía de ese texto no se pierda, para que eso que habita todavía en el lenguaje y es tan fácilmente corrompible pueda ser apresado sin asfixia, quien escribe concentra, condensa, desnuda, depura.

Por eso quien escribe va en busca de *cierto orden secreto*, de *un orden propio, momentáneo y único*, válido para ese texto e inválido para otros; delicado equilibrio para extraer de las canteras de un pueblo la escondida música del habla («esa musiquita, tan arrastradita que suena, tan arrastradita», como dice una canción de Teresa Parodi, muy popular en mi país) y que nos permite comprender ciertas zonas aún no percibidas de la experiencia. Cuando menciono la

24. *Ibid.*

música del habla me refiero a la lengua de todos, a lo que aún no ha sido puesto en valor de esa lengua de todos que no es única sino, como hemos dicho, la diversidad misma puesta a vivir en nuestras bocas; impronta que subyace como un nervio o un alma bajo cada cosa que se dice y que en su particularidad —es decir, en su distancia de lo oficial, lo abstracto, lo general, lo convencional— encuentra algo de lo humano que permanecía sepultado bajo capas y capas de artificios, condicionamientos y convenciones.

Si quieres mejores resultados prueba cavando en el mismo sitio, nos había dicho Yorgos Seferis. Cavar entonces en la lengua de los nuestros, hasta encontrar lo que, estando en ella, perteneciéndole por derecho propio, se había visto oculto, ignorado o sometido a asfixia. Así, la intensidad de la escritura se podría definir por el vigor con que el habla se impone a la lengua que es oficial y está muerta o agoniza en su obediencia, rigidez y previsibilidad. El vigor con que el habla nos incomoda, se desacata, se desadapta y logra imponerse sobre lo que se adapta, se acata y acomoda, y de esa manera se vicia y se vacía. Precisión y alejamiento de la palabra hueca para persuadir mediante la emoción (esa capacidad de mover al otro) y la honestidad del escritor consigo mismo y con su proceso de creación. Encontrar una lengua privada en la lengua de todos es el verdadero desafío, y el único objetivo es descubrir en los intersticios de una lengua —de mil maneras impuesta— lo verdadero y lo genuino.

Pronuncio esto consciente del lugar en el que estoy, el Congreso Iberoamericano de Lengua y Literatura Infantil y Juvenil, un espacio de intenso intercambio que la Fundación SM lleva adelante, en conjunto con diversas sedes de países de Latinoamérica; grandes esfuerzos de articulación de las literaturas destinadas a los niños y a los jóvenes de España y América. Esfuerzos para potenciar la circulación de esos libros en los muchos países de esta lengua que tantos y tantos compartimos, esta lengua que hablan quinientos millones de personas en el mundo. Lo digo deseando profundamente que unos y otros, de aquí o de allá, podamos ser más y más conscientes de que la uniformidad no es el camino para que esa lengua que compartimos se mantenga viva; que si hay caminos, no están en la rigidez sino en la flexibilidad, en la posibilidad de aceptar la potencia de lo diverso y lo múltiple, en la riqueza del movimiento permanente. Debemos recuperar la idea de que la riqueza está precisamente en nuestra diversidad. Los niños españoles y los niños latinoamericanos necesitan leer y oír esa diversidad de voces, y también lo necesitamos los adultos. Necesitamos oírnos los unos a los otros en nuestras semejanzas y diferencias, oírnos en los múltiples meandros que ofrece este idioma nuestro en el que Cervantes y Rulfo, García Márquez y Sor Juana, Gabriela Mistral y Luis de Góngora, Quevedo y Borges, entre muchos otros, abrieron con mano de seda y de hierro los intersticios de la lengua que de mil maneras les había sido impuesta, para encontrar algo de aquello que Emily Dickinson llamó la pequeña voz del mundo.

Leído en el ɪɪ Congreso Iberoamericano de Lengua y Literatura Infantil y Juvenil (CILELIJ), Bogotá, 6 de marzo de 2013

Algunas aproximaciones a la poesía y los niños

Agradezco la invitación a esta tercera edición del Simposio de Literatura Infantil y Juvenil, tomo este espacio para reflexionar acerca de las contradicciones que encuentro en relación con la poesía para adultos y la poesía para niños, la literatura en general y la literatura infantil.

Comenzaré por decir que he conocido personalmente a muchos poetas, algunos de ellos extraordinarios, que sin embargo no parecen vivir en estado poético, en el sentido de que el encuentro con la poesía se da seguramente en ciertos momentos de escritura, pero en el resto de la vida son otras las maneras de vincularse con el mundo. En cambio otros poetas, aunque no todos poetas de la palabra porque, como sabemos, la poesía es algo que excede a la escritura, siempre me han dado la impresión de vivir en una entrega permanente al misterio de las palabras y las cosas. Entre esas personas conocidas están, sin duda, Laura Devetach, la educadora en arte —tan querida por muchos— Mirta Colángelo, la poeta santafesina Beatriz Vallejos, la poeta cordobesa Edith Vera y la ilustradora argentina Cecilia Afonso Estévez. ¿Qué quiero decir con esto? Que hay una vinculación particular con la existencia que muy pocas personas tienen, más allá de que escriban poesía, y que también hay poetas espléndidos que no dan la impresión de tener esa entrega permanente al misterio y al asombro muy en consonancia con una etapa de la vida: la de la primera infancia.

Me interesa mucho lo que, en este mismo contexto, manifestó Joao Luis Ceccantini acerca del paso de poetas que publicaron en el circuito de los libros para adultos y que se han incorporado al de los libros para niños. Aunque se trate de grandes poetas, como Manuel Bandeira o Carlos Drumond de Andrade, por mencionar sólo dos de los ejemplos que brindó Ceccantini, no siempre funciona; sin embargo, a veces un poeta ha escrito un maravilloso poema para niños y no lo sabe. A continuación reproduzco un poema de Beatriz Vallejos, incluido en *Detrás del cerco de flores* y editado en una colección de libros para adultos, una edición preciosa de la Universidad Nacional del Litoral, que incluye un CD en el que ella lee sobre un fondo sonoro de latidos de su corazón. En ese poema titulado «María un corderito tenía», ella toma la frase que Edison utilizó para grabar por primera vez en el fonógrafo y hace con eso lo siguiente:

> María un corderito tenía
> su pelo era blanco como la nieve
> en portugués María un corderito tenía
> en el dulce dialecto de Flandes
> su pelo era blanco como la nieve
> Maschenka
> un corderito tenía

su pelo era blanco como la nieve
María en hebreo un corderito tenía
su pelo era, en griego, blanco como la nieve
María un corderito tenía
en el idioma de las gárgaras de rocío
en el idioma del pan
(¿es que hay un idioma del pan?)
su pelo era blanco como la nieve
en inglés, ¿quién un corderito tenía?
María un corderito tenía en inglés
tenía María un corderito en el idioma del ébano
y los tambores y también, maravilla,
su pelo era blanco como la nieve
lo volveremos a cantar todos los días
el corderito era blanco como la nieve
y María era una niña
en el idioma de las gárgaras del rocío
en el idioma del corderito blanco como la nieve.[25]

Este poema, incluido en una edición para adultos, yo creo que podría ser un buen poema para compartir con los niños. Cuando digo «yo», lo digo como lectora. Si esta lectora que soy fuera editora de una colección de libros infantiles, podría elegir este poema, convertirlo en un libro e intentar que tenga una estética de edición que no vaya contra él, que no lo boicotee. Como lectora, como mediadora, puedo llevar

25. Beatriz Vallejos, *Detrás del cerco de flores*, Santa Fe, Universidad Nacional del Litoral, 2002

un poema como éste a lectores niños. ¿Esto quiere decir que todos los poemas para adultos pueden ser leídos por los niños? No necesariamente, o si pueden ser leídos, no siempre funcionan en un libro para niños... En lo personal, he publicado muchos libros en colecciones infantiles y juveniles, por una parte, y poesía, por la otra, y mis poemas para adultos tienen por tema casi invariable la infancia. Por eso siempre pensé que algún día podían convertirse en libros con ilustraciones dirigidos a lectores niños, sobre todo los de *Kodak*. En el 2012 una editorial española me propuso ilustrar esos poemas y publicarlos en una colección para niños. Entonces regresé a *Kodak* y me pareció que muy pocos poemas de ese libro podían, genuinamente, entrar en consonancia con un público constituido por niños, y desistí de la propuesta. Esta experiencia me llevó a enfrentar un conflicto propio con la poesía, con lo que es para chicos y lo que es para grandes, y lo que es mi obra en relación con todo eso. Descubrí que no alcanza con que un poema hable de la infancia, ni que sea candoroso, ni que vaya acompañado de ilustraciones para que se convierta en un libro de poesía para niños. Es diferente que yo tome, como mediadora, un libro para adultos y lo lleve a un grupo de niños, es distinto eso a la tarea de publicar, al gesto tan potente de colocar un libro entre los libros. Respecto a ese lugar de mediador, ese lugar maravilloso de cruzar la poesía de una zona a otra de lectores, recuerdo a menudo el trabajo de una profesora cordobesa en torno a la poesía de Juan L. Ortiz, a lo largo de todo un año, con niños de tercer grado. La poesía, la naturaleza, los pintores y los músicos impresionistas y tantas otras cosas giraron en esos chicos a propósito de la figura de ese gran poeta argentino. Un trabajo maravilloso, sin duda, pero diferente al de la edición que coloca al poema y al poeta, plantados en un campo, puestos no sólo como una elección personal, sino autorizados para estar ahí de un modo ya general, y a mí me parece que eso hace una diferencia.

«¿Qué se pone en tensión en un poema para niños?», me preguntaba y me lo pregunto aún. Se pone en tensión la tradición, la ruptura, la lengua oficial y la lengua propia. Se pone en tensión lo que es *para niños* y lo que es *para adultos,* la relación lectores-niños/lectores-adultos. Todos esos casilleros se tambalean, todo eso entra a jugar en la selección que un editor puede hacer acerca de qué tomar de la poesía en general o de la poesía para niños en particular, para ofrecerlo en un libro. Entonces la pregunta sería si existe una poesía específicamente infantil, si hay poetas que por su modo de estar en el mundo, por estar entregados a ese misterio de la existencia y del lenguaje, alcanzan una mayor y mejor empatía con la infancia, o si un trabajo adecuado de edición puede llegar a convertir un poema/unos poemas, cualquier poema, en un libro para niños.

Ahora quisiera volverme hacia algunas zonas —ya no importa si de poemas para grandes o para chicos— en las que me interesa pensar. Para ello, tomo

«Para escribir el poema», del poeta Rodolfo Godino;
voy a citar algunos fragmentos cuyas ideas quiero
aprovechar:

Ésta es la ley callada
por más que escandalice
la verdad interior
que traba la lengua
y anda por su túnel resistiendo a sí misma
debe ser descubierta
eso no daña el prestigio del corazón multiforme
que debe insistir y ser escuchado
aun como culpa, omisión, error, miedo,
    memoria o sed inconfesa del cuerpo
la historia de una combustión siempre acorralada
de lo contrario sólo se alumbra fenómenos de oficio
ningún animal completo
esa reticencia glaciar
consume su invalidez
y su sanción es muerte verdadera
aunque suene trágico
no hablo del infierno
sino de la palabra estéril
sin las cosas no hay poema
un hombre bajo hechizo
registrando una revelación personal
esa es, aunque no pueda ser probada,
la ley de lo creado infinitamente repetida.

[Avanzo:]

Nunca la vida pequeña
será suficientemente expandida
con escrúpulos no hay poema
cuando la realidad cuestionada se retire
lo ambiguo crecerá en el exceso de conciencia
sin discreción
aceptándose a sí mismo.

[Un poco más adelante:]

Lo que merezcan y lo que alcancen
no serán tormentos
la humillación del oficio
siempre guarda un rédito solemne
en la pelea con la palabra inhábil
partes del corazón y la verdad se pierden
la imprecisión de espíritu será imprecisión
en la palabra
sin artificio no hay poema.[26]

Una de esas ideas es la de la *escritura como camino de conocimiento*: se escribe intentando develar un misterio, se escribe para conocer y comprender, pero también buscando que un otro nos comprenda. El poema de Godino nos dice que el corazón debe ser escuchado, lo que nos recuerda aquella frase en un grabado de Goya: «El sueño de la razón produce

26. Rodolfo Godino, *Centón: 1992-1996*, Córdoba, Ediciones del Copista, 1997

monstruos». Un llamado a la inteligencia y al corazón en la escritura; más corazón que inteligencia, también podríamos decir. Pide el poeta escribir *con todo* el oficio y a la vez *contra* el oficio, porque el oficio es salvación y condena, el mayor enemigo, camino por el que muchas veces la palabra deviene estéril, correcta política y lingüísticamente; en nuestro caso, correcta en lo que se espera que sea la literatura infantil. El peligro de no saber dar a luz a un «animal completo», dice quien entiende el poema como un ser vivo hecho de inteligencia, corazón, lenguaje, misterio... Se escribe entonces contra el oficio, contra la lengua, contra lo literario, contra la retórica, y si se escribe un poema para niños, se escribe contra lo que se espera que sea la literatura infantil.

«Sin las cosas no hay poema», porque un poema es un modo de mirar intensamente, una experiencia sensible. «Nunca la vida pequeña / será suficientemente expandida», porque la literatura ocupa el lugar de lo pequeño y es mirando lo singular que podemos inferir lo general. No es con ideas que se escribe... Hay una frase muy pertinente de Macedonio Fernández. Alguien le dice: «Tengo una buena idea para una novela» y él responde: «Qué pena, porque las novelas no se hacen con ideas, se hacen con palabras». No se trata de ideas, sino de la vida pequeña que mirada hondamente puede hacernos pensar en los grandes asuntos. «Con escrúpulos no hay poema»: los prejuicios de todo orden —ideológicos, sexuales, literarios, de lenguaje— y los preconceptos son enemigos del poema. La escritura exige mirar hasta entrar en contradicción con nosotros mismos, «hasta pulverizarse los ojos», como quería Alejandra Pizarnik.

Dice también Godino: «lo ambiguo crecerá […] aceptándose a sí mismo»; sólo ahí, en la ambigüedad, encontramos, si es que en algún lugar reside, eso tan difícil de captar: lo ambiguo que se acepta a sí mismo, y que el lector puede, también aceptándose a sí mismo, tomar para sí. «La humillación del oficio siempre guarda un rédito solemne»; trabajo y oficio como siervos del poema, no como amos; oficio como camino por el que vamos hacia lo incomprensible, en el caso en que nos sea internamente concedido ese encuentro. El poema nos recuerda que en el oficio «con la palabra inhábil partes del corazón y la verdad se pierden». Me parece muy importante ser conscientes de esto porque escribimos buscando la precisión de esa imagen interna que va apareciendo, pero debemos saber que lo que alcancemos, incluso cuando tengamos buenos resultados, siempre será una visión un poco degradada de esa imagen interna. Necesitamos saber que el resultado de la escritura siempre es de algún modo un fracaso, un fracaso necesario porque sólo en la medida en que fracasamos podemos seguir buscando, seguir escribiendo, intentarlo todo una vez más. Finalmente, el poema concluye: «Sin artificio no hay poema». Nos recuerda que eso que vemos muchas veces como resultado de la espontaneidad, siempre es un artificio, un trabajo del lenguaje, un enorme trabajo de combustión y condensación para que, como dijo alguna vez Simone de Beauvoir, «parezca escrito a vuelapluma».

Leído en el III Simposio de Literatura
Infantil y Juvenil en el Mercosur,
Buenos Aires, 21 de septiembre de 2013

LIBERTAD CONDICIONAL

No sabemos decir qué es poesía, pero cuando algo de ella ha sido capturado y por eso mismo nos captura, podemos reconocerla, tal como lo expresan los versos de Eugenio Montale: «Non c'è pensiero che imprigioni il fulmine / ma chi ha veduto la luce non se ne priva».[27] La poesía es lenguaje cargado de posibilidades, pero ¿en qué consiste esa carga?, ¿qué le da al poema su fuerza, su durabilidad, su alojamiento en la memoria? Sabemos que reside justamente ahí, en su capacidad de quedarse en nosotros, su triunfo sobre el caos, sobre la banalidad del mundo y de las cosas, su resistencia al paso del tiempo, su pequeña victoria ante lo efímero y lo fugaz. La intensidad *hace* a la poesía y nos permite diferenciarla de los otros modos de la palabra. En el poema, las palabras —más que ninguna otra forma oral o escrita— dejan de ser funcionales a la construcción de una historia, se «olvidan» de ser útiles, se ponen a hacer «otra cosa», como hacen «otra cosa» los gestos en el teatro o los sonidos en la música. Se genera así una fuerza mucho más potente que la suma de elementos que constituyen el poema, alcanzando un resultado que aprovecha de modo misterioso las cualidades de cada una de las

27. Eugenio Montale, *Tutte le poesie*, Milán, Mondadori, 1984

partes. Cada buen poema es, entonces, un pequeño triunfo sobre el caos y también sobre lo plano, lo literal, lo cerrado, lo puramente racional y lo unívoco.

La escritura nos enseña que el lenguaje es más grande que nosotros. Por complejos, misteriosos, pero precisos mecanismos, en algunas ocasiones un conjunto de palabras se transforma y se enciende hasta convertirse en un poema. ¿Cómo se genera eso?, ¿es posible apurar los tiempos, mejorar el camino de llegada? Apenas contamos con oído y paciencia para escuchar y depurar. En el camino —si logramos transitarlo— se vuelve sutil lo que en el ritmo, la impronta, la medida de la lengua resultaba pesado, plano o evidente, y se revela lo que en la experiencia permanecía opaco o escondido. Pero es —creo— equívoco pensar en dos tipos de verso: el medido y el libre; es más verdadera la convicción de que la forma —cualquiera que sea— nace del contenido. No hay verso libre, si por libre entendemos la despreocupación o el olvido de la forma. Cualquiera de los buenos poemas escritos en lo que llamamos verso libre está tan lleno de reglas internas, de complejos mecanismos de equilibrio, ruptura, forzamiento y digresión, como el verso medido; aunque es verdad que en este último caso esas leyes son generales, preestablecidas, construidas a lo largo de los siglos, y en el primero se trata de leyes autoimpuestas o, mejor aún, descubiertas en el propio camino de escritura. ¿De qué se libera el verso libre?, ¿cómo funciona la libertad en el arte?, ¿mediante qué instrumentos se despliega?, ¿cuánta importancia tienen en la aparición de lo propio, lo particular y lo «libre», la obstrucción, el límite, las leyes y los condicionamientos? Como pronunció alguna vez W. H. Auden: «Si se juega, se tiene necesidad de reglas; de otro modo no existe el gusto».

Pero el agotamiento de las combinatorias clásicas vuelve cada vez más difícil el asombro, la sorpresa, el encantamiento o la violencia en el oído del lector, entre tantas variantes de rima y de métrica ya probadas. Si el verso medido da la impresión de calzar contenido en la forma, a veces como prisión, a veces como piel, según quería Octavio Paz; en el verso libre, por lo menos en sus mejores momentos, se ve más aún cómo las formas son creadas por el contenido, caballo y jinete todo uno, «cuando fundo la palabra / confundo caballo con jinete: una sola cosa»,[28] dice Colombo. La forma entonces es una sustancia que se extrae del poema, que proviene de él y le pertenece, nunca un envoltorio, y por medio de la forma, si es que fuera posible separar lo imposible, se transforman los conceptos y las emociones que devienen en poema.

Todos hemos visto alguna vez cómo moría el esbozo de un poema en nuestras manos, por falta de escucha, por desatención, por exceso de corrección, por exceso de racionalidad, por falta de amor a lo

28. María del Carmen Colombo, *La muda encarnación*, Buenos Aires, Ediciones Último Reino, 1993

que nace, sobre todo. Para que la energía del poema no se pierda, para que eso que habita todavía en el lenguaje y que es tan fácilmente corrompible pueda ser apresado sin asfixia, el poeta, en palabras de Keegan: «avanza por una cueva oscura encendiendo fósforos que el viento apaga»,[29] concentra, condensa, desnuda, depura, «de lo contrario sólo se alumbran / fenómenos de oficio, / ningún animal completo»,[30] dice Godino. No importan los detalles, si el conjunto captura algo vivo en las palabras. El lenguaje es un organismo que rápidamente se corrompe, que muere y se regenera todo el tiempo. Más temprano que tarde las frases dejan de apresar lo que palpita —es asombrosa la velocidad con que lo vivo deviene en frase hecha, en palabra muerta, en clisé— y entonces la escritura es esa búsqueda de lo que aún permanece, lo que aún tiene poder para ligar a los seres y a las cosas, para ligarnos a nosotros con las palabras, los seres y las cosas.

En nuestra lengua, de un modo similar a lo que observa Mandelstam en la lengua italiana, el sonido tiende a salir hacia la boca; es sobre todo labial, bilabial, labiodental. Así, lo que decimos suena casi siempre «francamente sonoro», lleno como está de vocales, y nuestras consonantes no se obstruyen atrás

---

29. Claire Keegan, «Los cuentos nunca quieren ser contados», Buenos Aires, *Clarín*, 13 de diciembre de 2009

30. Rodolfo Godino, *Centón: 1992-1996,* Córdoba, Ediciones del Copista, 1997

sino en los labios o en los dientes, todo lo cual conduce a lo concordante, a una musicalidad contundente, definida, y también muchas veces a lo previsible y evidente. Es grande la posibilidad de rima, sobre todo en la semejanza sonora de las desinencias verbales, lo que, lejos de ser una ventaja, es un problema, el mismo que tenemos frente a todo lo que existe en abundancia. Debemos desconfiar entonces, como desconfía el buen jugador del juego fácil, para saltar sobre ritmos, metros, consonancias y asonancias previsibles. La sintaxis castellana, por su parte, facilita lo ampuloso, lo expandido, el vericueto y los florilegios. El nuestro es un lenguaje esquivo a replegarse, a «mandarse a guardar / a llamarse a silencio», un lenguaje que «se va de boca», razón por la cual buena parte del trabajo de escritura consiste en contener / dominar la tendencia al exceso, la salida desbocada, el despilfarro sonoro, sujetar las riendas de la lengua buscando condensación y economía, un efecto estético que se genere por la más rigurosa administración de posibilidades y recursos.

En lo personal, me interesa capturar el ritmo conversacional, los sonidos menos evidentes y conclusivos del habla cotidiana, y la sutil rima asonante que en ella habita, esa música verbal esquiva, escondida bajo la masificación, el deber ser y lo indiferenciado. Me interesa buscar ahí *cierto orden secreto*. Me parece que el efecto estético se produce en la captura de una armonía oculta/no visible o no audible de primera mirada y de primera escucha, entre nosotros, los seres y las cosas. Se trata siempre de *un orden propio, momentáneo y único,* válido para ese poema e inválido para todos los otros que fueron o que vendrán; delicado equilibrio alcanzado entre las partes, que extrae la escondida música del habla y nos permite —eso espero todavía— comprender ciertas zonas aún no percibidas de la experiencia, para construir con todo ello un hito en la memoria.

Por «música del habla» me refiero a la belleza de la lengua de todos, que no es, por supuesto, una única lengua, sino muchas, la diversidad misma puesta a vivir en nuestras bocas, y que en su particularidad ofrece su belleza. Un ritmo y un tono propios del poeta en ese poema; un ritmo, un tono, una tensión y una sonoridad que accionan y se rompen, que ya no servirían para otro poema ni para otro poeta. La emoción surge de comprender que en lo que leemos hay algo verdadero; no en relación con una realidad exterior allí percibida, sino escrito en busca de una verdad personal, desconocida también para quien escribe, verdadero en lo que hace al camino recorrido para escribirlo. Nada que signifique ostentación (o erudición, o destreza musical, o despliegue técnico) ni como lectores ni a la hora de escribir, sino por el contrario, depuración, condensación, merma o desnudez de todos esos asuntos, para buscar lo humano particular y esa música que está tapada por capas y capas de artificios, condicionamientos y convenciones. Cavar en el lenguaje, hasta encontrar lo que, estando en él, perteneciéndole por derecho propio, se había visto oculto, ignorado o sometido a asfixia.

La relación que cada poeta tiene con la tradición y la vanguardia, la tensión y los infinitos matices entre romper y preservar, determina todo. «La historia es el pasado que se pone de pie», me recordó hace poco una amiga; la relación con ese pasado que nos llama, que no es letra muerta sino que está presente de modos diversos en lo actual, en lo corriente, es lo que determina todo. Nuestra relación con lo que fue, con los poetas que antes hubo, con aquellos a quienes hemos decidido conferir autoridad. La memoria, el origen de las cosas y los hechos que conviene no olvidar, una herencia que busca abrirse paso en obras nuevas. Por eso, la riqueza del arte es, al mismo tiempo, personal y universal, y es siempre en esa doble medida que conmueve y revela. Cuando la relación entre el pasado y el presente se corrompe —por mentirosa, farragosa, fangosa o inexacta; por excesiva, hinchada, henchida o esnob; por grandilocuente, críptica o burda—, se corrompe la relación entre las palabras y las cosas, todo el delicadísimo equilibro que es en sí el poema, todo el misterioso artefacto, esa «pequeña balanza de las perlas», se desmorona, «mejor no la mires / no la miremos / ojo opaco podría acaso / ¿no lo crees? / desnivelarla»,[31] dice Circe Maia.

31. Circe Maia y María Teresa Andruetto, *La pesadora de perlas: obra poética y conversaciones con María Teresa Andruetto*, Córdoba, Viento de Fondo, 2013

Sinceridad y humildad. Intento de apresar una materia que sabemos más grande que nosotros. Los buenos poemas nos permiten —en el camino intenso de su lectura— saltar sobre la técnica, arrastrados por un impulso que anida en su condición de verdaderos y que hace que ignoremos, olvidemos o pasemos por alto las imperfecciones, en busca de eso otro que corre debajo de la destreza y del oficio, eso que está vivo y que fácilmente se corrompe. Oficio, entonces, todo el oficio, para facilitar el curso de ese cauce, ese torrente, y oficio también para no asfixiar el cauce ni el torrente. Observación, rigor, escucha para advertir cuándo nuestra mano está matando las palabras. Y olvido del oficio, para que el poema no muera en el corsé de las modas ni en el de la lengua oficial.

«Libre» o no, la poesía siempre es ritmo y es música y es tono y es medida. Medidas generales o particulares de ese poema, medidas heredadas en el curso de los siglos o medidas autoimpuestas en el curso de la escritura. Esa sensación que da leer ciertos poemas y sentir que en ellos la lengua que es única/propia de ese poema, y es al mismo tiempo la lengua de todos, se remansa, se violenta, se enrosca o se estremece, y con ello nos remansa, nos violenta, nos enrosca o nos estremece. Así, la intensidad del poema se define entonces por el vigor con que el habla se impone a la lengua que es oficial y que está muerta o agoniza en su obediencia, en su rigidez y en su previsibilidad. El vigor con que nos incomoda, se desacata y se desadapta, logra imponerse sobre lo que se adapta, se acata y se acomoda, y de ese modo se vicia y se vacía. Ondulaciones/despliegues/zigzagueos. Nos movemos sobre la delicadeza de la lengua o sobre su fuerza, sobre su aspereza, sobre... buscando un ritmo, un tono que le pertenezca, una alianza entre imagen, música y sentido. Economía verbal y un rigor que es ético porque está relacionado con la verdad personal y no con la proliferación retórica ni con el lujo verbal, ni con el deseo de ser incluido en tal o en cual capilla. Precisión y alejamiento de la palabra hueca para persuadir mediante la emoción (esa capacidad de *mover* al otro) y mediante la honestidad del poeta consigo mismo y con su proceso de creación: única manera de capturar ese animal vivo hecho de palabras.

Libre o no, siempre hay ley en el poema. Una ley que organiza la materia informe, una arquitectura subterránea que genera efecto estético porque puede ser de algún modo inteligida; refinada manera de preservarnos del tosco impulso y de la incontinencia verbal. No creo que escribir en verso libre o medido deba ser una decisión previa a la escritura, algo externo al poema; en cambio, creo que en el camino mismo de la escritura las formas van tomando forma, van demandando una estructura que sostenga el edificio. De uno u otro modo, encontrar una lengua privada, única, en la lengua de todos, es el verdadero desafío, descubrir en los intersticios de la lengua oficial de mil maneras impuesta, una lengua «menor», un atisbo de «la pequeña voz del mundo». Para eso, poco importan los caminos. Como dijo Murena: «Todos los caminos conducen, dependen de cómo vuela sobre ellos el itinerante».[32]

Incluido en *El verso libre,*
Ediciones del Dock,
Buenos Aires, 2010

---

32. Héctor Murena, *La metáfora y lo sagrado,* Barcelona, Alfa, 1984

ELOGIO DE LA DIFICULTAD: FORMAR UN LECTOR DE LITERATURA

He tomado como título de estas reflexiones un ensayo del filósofo colombiano Estanislao Zuleta, porque algunos de sus párrafos me llevan a pensar en las dificultades y los desafíos que la literatura propone a los lectores que se animan a adentrarse en su universo. Zuleta cuestiona el modelo ideal de la seguridad garantizada: «una vida sin riesgos, sin lucha, sin búsqueda de superación [...] Y, por tanto, también sin carencias y sin deseo».[33] Frente a ello, dice, la literatura nos propone, en el transcurso de la lectura, riesgos, luchas y, sobre todo, nos enfrenta a nuestras carencias. No nos ofrece soluciones, más bien diríamos que nos plantea preguntas, porque problematizar lo que ha sido en nosotros naturalizado es una de las funciones fundamentales del arte. Cuestionar lo aceptado, recibir nuestras sombras, los riesgos de la vida que vivimos y de la sociedad en la que transitamos. «En vez de desear una sociedad en la que sea necesario trabajar arduamente para hacer efectivas nuestras posibilidades, deseamos un mundo de abundancia pasivamente recibida»,[34] sostiene

33. Estanislao Zuleta, *Elogio de la dificultad y otros ensayos,* Medellín, Hombre Nuevo Editores y Fundación Estanislao Zuleta, 2007
34. *Ibid.*

Zuleta, pero sucede que los libros nos ponen ante nosotros mismos y ante el mundo del que formamos parte y nos instan a trabajar arduamente para hacer efectivas esas posibilidades.

Así, la literatura nos propone inquietud, insatisfacción, intemperie. Como sabemos, no es suyo lo general sino el territorio de lo particular. No está en ella la palabra infalible, ni la palabra uniforme que suprime la indecisión y la duda; muy por el contrario, en su mundo viven la duda, las indecisiones, las dificultades de comprensión, que son todas estrategias necesarias para pensar por nosotros mismos, cosa siempre tan difícil. En fin, que la literatura no nos lleva a la simplificación de la vida sino a su complejización, sorteando el pensamiento global, uniforme, para ir en busca de la construcción de un pensamiento propio. «Hay que poner un gran signo de interrogación sobre el valor de lo fácil; no solamente sobre sus consecuencias, sino sobre la predilección por todo aquello que no nos pone en cuestión, ni nos obliga a desplegar nuestras posibilidades»,[35] propone Zuleta, y sin duda se trata el suyo de un pensamiento extremo que busca mantener abierta la brecha entre lo dado y lo posible, entre lo real y lo ideal, para seguir creyendo en la posibilidad de una vida mejor, en el profundo sentido de una vida más consciente de sí misma y de su relación con el mundo. «La aspira-

35. *Ibid.*

ción —dice Zuleta citando a Goethe— a luchar sin descanso por una altísima existencia».

Mirar más allá, sin temerle a la dificultad y al «sagrado derecho a disentir». Para eso, necesitamos «saber leer, y saber leer no es terminar pronto sino leer despacio»,[36] dice el mismo Zuleta en otro ensayo que se titula precisamente «Sobre la lectura», con lo cual el elogio de la dificultad podría ser también un elogio de la lentitud, porque si bien leer es transitar de un libro a otro, encontrar los propios senderos en medio de un bosque, no se trata de entrenarnos en sistemas veloces de lectura, sino de una lenta apropiación de lo que leemos. «Todo buen lector es un rebelde, un insatisfecho», dijo Graciela Montes en una entrevista, entendiendo la lectura como una actividad más amplia que «leer libros», entendiéndola más bien como un sentirse desconcertado frente al mundo y buscar signos para construir sentido. La lectura es, en efecto, una invitación a descifrar las huellas de lo no dicho, dejándonos «arrastrar por el ritmo de la frase y, al mismo tiempo, frenando por el asombro del contenido»,[37] en palabras de Zuleta. Debemos poder leer, indica también Zuleta, siguiendo a Nietzsche en su *Zaratustra,* como un camello, como un león y como un niño. Como un obrero que hace trabajar su pensamiento,

36. Estanislao Zuleta, *Sobre la lectura*, Bogotá, Universidad de Antioquia, 1996
37. *Ibid.*

como un rebelde que rechaza todas las formas de imposición o jerarquía y como un niño que en su inocencia siempre está comenzando. Tres condiciones para no leer por leer, para hacerlo como un aventurero, no sólo como un lector capaz de interpretar, sino sobre todo como un lector capaz de permitir que el texto lo afecte en su ser mismo, en su ser íntimo, y lo lleve por nuevos caminos de conocimiento hasta dar con aquello que lucha por hacerse visible aun a riesgo de transformarnos. Leer no es sólo consumir libros, sino convertirnos en camello, león y niño a un mismo tiempo, para corrernos de la equívoca idea de leer como distracción, cuando más bien uno lee para concentrarse, para encontrarse con uno mismo, del mismo modo que uno escribe, o debiera escribir, no como una tarea de ensoñación sino como una búsqueda de plenitud de conciencia. Todo buen libro nos invita a ensimismarnos y entonces la cuestión no es exactamente la cantidad de libros leídos, aunque la diversidad y el número también sean importantes. La cuestión es, sobre todo, cómo se lee y cómo se invita a otros a leer. Por eso tengo problemas con la idea de maratones o campeonatos de lectura. En *Escritos sobre literatura,* Hermann Hesse sostiene:

> La vida es breve y en el más allá no preguntan a nadie por el número de libros que ha leído. [...] La lectura superficial, distraída, es como caminar por un paisaje con los ojos vendados. Tampoco debemos leer para olvidarnos de nosotros y de

nuestra vida cotidiana, sino al contrario, para volver a tomar con mano firme y con mayor conciencia y madurez nuestra propia vida. Debemos acercarnos a los libros [...] como montañistas [...] no como fugitivos y desganados de vivir.[38]

De esto mismo habla el escritor Guillermo Martínez en un artículo que se titula precisamente «Elogio de la dificultad», el cual va en el mismo sentido que mis reflexiones:

> Hay libros arduos cuya lectura se parece a un martirio. Conquistarlos, sin embargo, depara la felicidad de las victorias secretas. Cada vez que se habla de lectura, maestros, escritores y editores se apresuran a levantar las banderas del hedonismo, como si debieran defenderse de una acusación de solemnidad, y tratan de convencer a generaciones de adolescentes desconfiados [...] de que leer es puro placer. Interrogados en suplementos y entrevistas hablan como si ningún libro, y mucho menos los clásicos, desde *Don Quijote* a *Moby Dick*, desde *Macbeth* a *Facundo*, les hubiera opuesto nunca resistencia.[39]

38. Hermann Hesse, *Escritos sobre literatura*, Madrid, Alianza Editorial, 1984

39. Guillermo Martínez, «Elogio de la dificultad», Buenos Aires, *Clarín*, Argentina, 24 de abril del 2001

Martínez reafirma aquello que hace unos años dijo Graciela Montes en *El placer de leer, otra vuelta de tuerca*, para sacarnos de esa encerrona que es el placer de la lectura o la lectura por placer, con la que buscamos corrernos de la lectura por deber que marcó toda la línea de pedagogización de los libros para niños, con el perdón de la pedagogía a la que en su hora estigmatizamos como la madre de todos nuestros males. Dice Martínez:

> Yo me propongo la defensa más ingrata de los libros difíciles y de la dificultad en la lectura. No por un afán especial de contradicción, sino porque me parece justo reconocer que muchas veces en mi vida la lectura se pareció al montañismo, a la lucha cuerpo a cuerpo y a las carreras de fondo. En todo caso la literatura, como cualquier disciplina del conocimiento, requiere entrenamiento, aprendizajes, iniciaciones, concentración.[40]

Martínez habla de exponerse a literaturas antagónicas, de impedir que las preferencias cristalicen en prejuicios y mantener un espíritu curioso: «Son justamente los libros difíciles los que extienden nuestra idea de lo que es valioso [...] Son esos libros contra los que uno puede estrellarse la primera vez y a los que sin embargo vuelve».[41] Frente a la lectura

40. *Ibid.*
41. *Ibid.*

de tantos libros iguales entre sí, como escritos en serie, y a contrapelo de aquellos versos de Mallarmé que se lamentaban de la tristeza de la carne y de haber leído ya todo, Martínez nos recuerda que «los libros difíciles tienen la piedad de mostrarnos cuánto nos falta».[42] Pero nadie puede leer en un libro más de lo que sabe, porque cada «uno tiene un arco de sensibilidad más allá del cual nada existe realmente. Y en cada cual —ese arco de sensibilidad— es diferente»,[43] dice Wallace. No se lee sino lo que ya se sabe y, al mismo tiempo, para leer es preciso lanzarse a una aventura y a un desafío; la aventura y el desafío de encontrarnos con nosotros mismos, porque al leer un libro capaz de interpelarnos, nuestra sensibilidad se abre a preguntas que buscan en el lenguaje su expresión y su respuesta. Pero así como para mirar hay que colocarse en alguna parte, también leemos desde cierta perspectiva, desde una pregunta abierta, aún no respondida, que trabaja en nosotros y sobre la cual trabajamos cuando leemos. Leer a la luz de un problema es dejarse atravesar por un texto.

La dificultad. De eso hablamos. De la importancia de la dificultad en el camino de la construcción de un lector. Fue durante este verano, leyendo los ensayos de *Escribir en la oscuridad*, del escritor israelí

42. *Ibid.*
43. Wallace Stevens, *Adagia*, Caracas, Dirección General de Cultura, G.D.F., 1977

David Grossman, que percibí más que otras veces la importancia que en la lectura tiene la dificultad, lo que no tenemos y lo mucho que todavía no sabemos. Refiere Grossman:

> Pertenezco a una generación que estaba habituada a leer textos sin comprender todas las palabras. A principios de 1960, leíamos libros escritos en un hebreo arcaico y ampuloso; eran traducciones de los años veinte y treinta, muy alejadas de nuestro hebreo cotidiano. Por supuesto aquella incomprensión era un obstáculo para leer con fluidez, pero retrospectivamente me parece que, en aquel entonces, parte de mi experiencia lectora provenía precisamente de la incomprensión, del misterio... del placer de comprender algo. Lo menciono porque ahora (en la mayoría de los libros) se da prioridad a los términos más simples, incluso simplistas, es decir, a la jerga.[44]

Dice también Grossman acerca de unos libros que su padre le dio cuando era niño, que en esos libros por primera vez recibió «la llave del túnel que conducía de mi infancia a la suya. Era un túnel extraño, una de cuyas bocas estaba en Jerusalén... y la otra boca en un país llamado 'allí'. En cuanto entré en aquel país,

44. David Grossman, «Libros que me han hablado», en *Escribir en la oscuridad*, Barcelona, DeBolsillo, 2011

ya no pude salir de él».[45] Nuestro escritor tenía entonces ocho años y en pocos meses leyó todas las obras de Sholem Aleijem disponibles en hebreo:

> Cuando volví a leerlas para escribir estas líneas me sorprendí al darme cuenta de lo poco que entonces había podido comprender y de cómo me había influido lo que no estaba explícitamente escrito en los textos [...] Ni sabía ni comprendía, pero algo de mí me impedía dejar de lado esas historias escritas en un hebreo que no me era conocido. Las leía como si me estuviera metiendo en un mundo absolutamente extraño que, al mismo tiempo, era una «tierra prometida». En cierto modo sentía que volvía a casa.[46]

Retomo esta última frase de Grossman: «En cierto modo, sentía que volvía a casa». Eso me parece la lectura: entrar a un territorio desconocido, extraño todavía, que nos promete, sin embargo, cierta recompensa, una experiencia en algún punto reparadora, algo así como un volver a casa, a nosotros mismos... porque, menciona Grossman: «la lectura fue, al mismo tiempo, el contacto con el dolor y la única vía posible de curación, el único lugar en el mundo donde pueden coexistir las cosas y su pér-

45. *Ibid.*
46. *Ibid.*

dida».[47] Lectura como encuentro entre subjetividades, como develar un secreto que otro ha escondido para nosotros. Un secreto que ha sembrado en el libro sus huellas y nos invita a revelarlo, porque lo que nos lleva a seguir en la página es saber que allí queda algo no dicho, como escribió Cesare Pavese[48] en una de las entradas de su diario. No es lo que se dice lo que nos lleva a leer, sino justamente lo que todavía no se ha dicho, lo que permaneciendo oculto promete mostrarse más adelante; lo latente, esa máquina de producir promesas que todo buen libro es, para que la lectura intente unir ese secreto que un texto encierra con la capacidad de descubrir que un lector tiene. Lo que el texto vela y el lector devela en su desvelo. Eso me gusta de leer y de escribir, tal como le sucede a la Rosa Mamani, el personaje de mi novela *Veladuras*:

> Me gusta hacer las veladuras y también los falsos acabados. Primero uno cubre todo y después va sobando de a poco lo que tiene soterrado, que es siempre lo que duele y hay que soliviar. Es de ese modo como se cubre lo que estaba expuesto, se acrecienta lo que le falta a uno, y llega al fin lo que se necesita. Me gustan estos menesteres, porque se cubre lo que está debajo pero igual se

47. *Ibid.*
48. Cesare Pavese, *El Oficio de vivir: 1935-1950*, Barcelona, Seix Barral, 1992

ve. Es lo que pasa con lo que está velado: se ve mejor que cuando queda expuesto.[49]

Por esa tarea de investigación, por ese rastreo de huellas que llevamos adelante cuando leemos, Tzvetan Todorov relaciona lectura con género policial: el cuerpo de un muerto tanto como el texto emiten signos y quien lee es como un investigador que intenta comprender, intenta dejarse atravesar por esos signos. El lector como un detective que husmea entre las frases, en los intersticios entre una palabra y otra, quitando capas y capas en busca de un cierto grado de revelación, para que aparezca lo que está allí pero escondido, reconstruyendo el edificio que es una obra, buscando algo de aquello que Octavio Paz escribió en *El mono gramático:*

> Aquello que se muestra en el lenguaje sin que el lenguaje lo enuncie, aquello que el lenguaje no dice y así dice, aquello que diría el silencio si dejase de ser silencio, aquello que realmente se dice, aquello que entre una frase y otra, en esa grieta que no es ni silencio ni voz, aparece, aquello que el lenguaje calla.[50]

49. María Teresa Andruetto, *Veladuras,* Buenos Aires, Norma, 2005

50. Octavio Paz, *El mono gramático,* Barcelona, Seix Barral, 1974

También Ricardo Piglia relaciona al lector con el detective cuando considera «La carta robada» de Edgar Allan Poe como el gran texto sobre la lectura y la figura del detective como la representación del lector. Siguiendo a Marta Ochonga, profesora de literatura del Instituto de Formación Docente Continua de Villa Regina, Provincia de Río Negro, en su obra *La escuela como espacio en el que debe buscarse la carta escondida,* podríamos decir que no es la destreza de la lectura sino las artes de la interpretación las que hacen a un gran lector, porque un lector inteligente, astuto, siempre lee más allá de la historia que se narra, buscando en cada aspecto del texto el secreto que oculta y mirando en profundidad cada rincón de esa habitación o esa casa que es un texto. Tal vez ayude en ese camino revisar otras obras del mismo autor o conocer el terreno en el que se construyó la obra que estamos leyendo, saber cuáles son los libros preferidos de ese escritor, cuál fue o cuál es su biblioteca personal... Caminos no sólo para nuestro propio recorrido de lectura, sino también para incitar a otros a leer. Cuando daba talleres sobre cuento leíamos en el año no muchos sino unos pocos grandes cuentos; muchas lecturas de un mismo cuento, viendo cada vez un nuevo aspecto (no todos cada vez), una lectura detectivesca. «El paso del lector más tradicional a uno innovador se produce cuando este último rompe un modo de leer cristalizado y lee de una manera novedosa»,[51] señala Marta Ochonga, quien también imparte clases en el seminario de literatura infantil en el Profesorado de Educación Especial con Orientación en Discapacidad Mental. Pero para que un joven se convierta en un lector innovador capaz de ir más allá del consumo de un relato, además de libros de calidad, necesita ayuda. Para muchos niños, para muchos jóvenes, la escuela es el único espacio donde se puede encontrar esa ayuda, el único espacio posible de contacto con la cultura literaria. En este sentido, Aníbal Jarkowski escribe:

> El discurso literario, desde siempre, fue exigente y pidió una recíproca exigencia a los lectores. Es precisamente por sus dificultades específicas, y no por su sencillez, que la sociedad sigue apreciando la literatura por encima de otras prácticas culturales.[52]

La lectura literaria, en el sentido de leer en el marco de un sistema, insertos el libro y nosotros, sus lectores, en una red de tradiciones, es un hábito difícil de adquirir, porque los libros no están solos, según Jarkowski:

51. Marta Ochonga, (s. f.), «La escuela como espacio en el que debe buscarse la carta escondida», disponible en www.plumadocente.com.ar

52. Aníbal Jarkowski, «Cuando se transforma la lectura», en *Todavía*, Argentina, mayo-julio de 2009, núm. 21

[...] cada libro pertenece a una tradición que lo antecede y respecto de la cual realiza distintos tipos de operaciones: de continuación, de desvío, de réplica, de ruptura. En ese sentido, un libro es inconcebible sin la historia misma de la literatura; sin embargo, esto es lo que cada vez cuesta más transmitir a los jóvenes, para quienes aquella dimensión histórica se ha desdibujado [...] en una suerte de presente permanente sin relación orgánica con el pasado del tiempo en el que viven.[53]

Por eso la escuela necesita garantizar la presencia de determinados libros y ayudar a leerlos en contexto, reconocerlos enhebrados en una tradición, inmersos en un sistema literario, en el marco de una cultura y de una lengua. Jarkowski propone, en tal sentido, que el profesor enfrente a los alumnos con sus propias limitaciones a la hora de leer textos literarios complejos, para reconocer esas limitaciones y diseñar estrategias para superarlas, porque la escuela es para muchos potenciales lectores, la única ocasión de ingreso a ese universo. El escritor inglés Aidan Chambers, en «Biografía de un lector, nacimiento de un escritor», de su libro *Somos aquello que leemos,* relata cómo hasta los nueve años no fue capaz de leer con fluidez; podía descifrar las palabras pero se le escapaba el misterio por el cual éstas

53. *Ibid.*

podían combinarse en frases y las frases en párrafos. Una tarde, poco después de su noveno cumpleaños, imprevistamente sintió una multiplicidad de voces en su cabeza y comenzó, por así decirlo, a comprender, pero no fue entonces, sino varios meses más tarde, a raíz de una escarlatina, que se convirtió en lector habitual. Después llegó el descubrimiento de un libro excepcional (porque en la vida de todo buen lector siempre hay un libro iniciático) y de un amigo llamado Alan que lo llevó por primera vez a la biblioteca pública. Chambers reconoce que sin Alan y sin la visita semanal a la biblioteca no se hubiera convertido en lector, también asegura que recién cumplidos los catorce años, por el encuentro con un profesor muy especial, la lectura tomó para él otro rumbo. Se llamaba Jim Osborn aquel agudo e intransigente profesor a cargo del curso de inglés, quien estaba profundamente convencido de que al corazón del saber se llegaba leyendo literatura… En el sencillo relato de Chambers podemos ver los diversos peldaños de la lectura: leer sin comprender, leer y comprender, leer con frecuencia, leer y hablar de libros, incluso leer mucho, pero hay todavía un paso más en la exigencia lectora de aquel profesor que les enseña a sus alumnos la dificultad de entrar en la poesía de Coleridge. Así lo cuenta Chambers:

> Jim irrumpió en el aula con un tocadiscos, puso un disco, miró con sus ojos estrábicos a través

de unos anteojos de fondo de botella y dijo: ¡Escuchen! […] después leyó las primeras líneas: «Kublai Kahn en Xanadú había ordenado...», contó luego con sus palabras aquella historia, preguntó qué pensábamos, si conocíamos a ese autor, nos hizo escuchar una y otra vez cómo están orquestados los sonidos del poema y así siguió implacablemente hacia adelante, insistiendo sobre la precisión. Fue un duro trabajo, afrontado con la certeza de que al final descubriríamos algo que valía la pena conocer. No sé qué les habrá sucedido a los otros estudiantes, pero desde el instante en que Jim irrumpió en nuestra aula con el tocadiscos bajo el brazo y los libros contra el pecho... para mí el entero mundo cambió.[54]

Como lo ha expresado Michèle Petit, mientras más difícil es el contexto, más necesario es mantener espacios para el ensueño, el pensamiento, la humanidad. Espacios abiertos hacia otra cosa. Espacios donde volver a las fuentes, donde mantener la propia dignidad, porque la literatura es metáfora de la vida, una vida para los vivientes no siempre fácil de significar. Salir de uno mismo para ser por un momento otro, aunque sea de manera ilusoria, esto es, entre otras muchas cosas, lo que nos propone la lite-

54. Aidan Chambers, *Siamo quello che leggiamo: crescere tra lettura e letteratura*, Modena, Equilibri, 2011

ratura. Ante el hastío, la angustia, el dolor, el desconcierto de un grupo humano —de un auditorio, por modesto que sea—, hay siempre alguien dispuesto a construir un relato, un mundo de palabras que engaña o consuela, que abriga y demora la destrucción, que salva de la locura y el desamparo, o los provoca. Dice el narrador de *La crisálida*, del cordobés Augusto Porporato:

> En esta noche sin luna, sentados juntos alrededor del fuego, recordaré para ustedes las historias que Mori le contó a su madre para espantar el frío. Esto fue hace mucho, pero aún los sigo escuchando, tan cercanos como si ella volviera a hacerlos para nosotros, aquellos ruidos murmurados bajo las hojas [...] Esta noche seguiré contando... contar es lo que me hace volver aquí todas las noches, porque allá afuera, lo saben, las cosas son distintas.[55]

Es un relato donde las armas pierden importancia porque la más poderosa arma para sobrevivir es la palabra; desde aquel «Había una vez...» con el que una vez comenzaron todos los relatos, hasta el joven y amante lector del libro de Bernard Schlink, pasando por el gato que permanece despierto gracias a los cuentos en *Historias a Fernández* de Ema Wolf, tanto como por la antológica narradora de *Las mil*

55. Augusto Porporato, *La crisálida*, Córdoba, Recovecos, 2010

y una noches en la que se inspira, o el futuro que se visibiliza en el libro del mundo al que accede el viejo Melquíades en *Cien años de soledad,* la literatura no cesa de llevarnos hacia nosotros mismos. Posibilidad de construir conocimiento, de vivir experiencias estéticas y de configurar una ética personal. La ética, como plantea Luis Percival Leme Britto en su texto *Literatura, conocimiento y compromiso con la libertad,* tiene que ver con pensar y construir la dimensión de lo humano, porque nos abre a experiencias estéticas y humanas que sacuden nuestra posición ética y nos obligan a redefinirla. ¿Qué espacio hay para la literatura en los jóvenes? El que estemos dispuestos a darle, si estamos convencidos de la importancia de las experiencias estéticas y sensibles en sus vidas. Al respecto, Jarkowsky señala:

> Cada tanto, cuando decaen los espasmos en torno a la cotización del dólar, el reclamo de la pena de muerte o la formación del seleccionado nacional de futbol, la sociedad argentina se interroga acerca de la relación de los jóvenes con la lectura. Se trata de una interrogación poco frecuente, por cierto, pero también espasmódica y que inesperadamente preocupa a adultos que leen muchísimo menos de lo que pretenden hacer leer a los jóvenes.[56]

56. Aníbal Jarkowski, *op. cit.*

Por eso la pregunta hoy ya no es si se lee más o menos que antes: la pregunta y el desafío es cómo hacer para leer mejor y cómo hacer que otros lean mejor; es decir, más selectiva y más profundamente. ¿Qué podemos hacer entonces para mejorar la calidad de los lectores? La escuela no es un bloque monolítico y en su interior viven todas las contradicciones que habitan en la sociedad. En este sentido, sostiene Luiz Percival Leme Britto:

> En los años sesenta, se hablaba mucho de que el analfabetismo era un interés del sistema, como una manera de subyugar a las personas. En cambio, lo que ocurre hoy es que al sistema el analfabetismo ya no le interesa, pero sí le interesa un alfabetismo ignorante. Eso es lo que llamo alfabetismo pragmático. Y mucho de lo que se hace en promoción de lectura, en enseñanza de lectura en la escuela, inconscientemente y a veces a conciencia, se hace en esta dirección. Entonces la crítica que yo hacía iba dirigida a los grupos que trabajan en la promoción de lectura para que se den cuenta de que a veces hacen lo contrario de lo que quisieran hacer. No se trata de tomar el conocimiento como si fuese un saber pragmático, sino como una posibilidad de indagación de sí mismo, de los otros y de la sociedad. Los programas de lectura llevando productos mediáticos a la escuela, como una manera de «pescar» a los niños, es un equívoco, están reproduciendo

ideología. Volviendo a la literatura, muchas veces promueven una mala literatura, una literatura de consumo, de entretenimiento para la gente, con la idea de que eso quizá los pueda conducir a planteamientos contestatarios. Bueno, eso no va a pasar. Entonces, mi idea es: hay que provocar la posibilidad de un extrañamiento, de cierta incomodidad, de una molestia en la vida de la gente como posibilidad de indagación de la propia condición humana y de las condiciones político-sociales en que viven. Darle sentido al acto de pensar. Limpiar un poco el discurso sobre la lectura de ese exceso de encantamiento, de fantasía; hay demasiada magia en torno a esto. Un poquito más de realidad nos haría bien a todos. La lectura crítica puede participar en la transformación social, pero ella sólo va a existir plenamente si uno se involucra en los procesos de transformación. Por eso, se trata de un proceso dialéctico, pero no hay cambios de ninguna naturaleza sin que uno se involucre en acciones fuertes desde el punto de vista del sentido de la vida.[57]

También Noé Jitrik habla de esto en un ensayo que se titula «El tema de la lectura: leer mucho y leer bien»:

57. Luiz Percival Leme, «Literatura, conocimiento y compromiso con la libertad», en *Inquietudes y desacuerdos: la lectura más allá de lo obvio,* Bogotá, Asolectura, 2010

¿Qué es leer bien? Por cierto que hay que saber leer o, lo que es lo mismo, poseer una competencia, pero la lectura es ya otra cosa, es una construcción que se erige entre un individuo y un texto pero también desde una cultura que opera en el individuo y en el texto [...] De este modo, podría afirmarse que no es un objeto neutro o puramente instrumental; su alcance es siempre mayor y va más allá [...] La lectura «crítica» organiza indicios de forma tal que, por un lado, recupera todo lo que la lectura literal ignora y la lectura indicial promete y, por el otro, es capaz de canalizar el conocimiento producido en todo el proceso.[58]

Por eso la lectura es deseable y por eso debiéramos tender a que sea de todos. Tenemos mucho trabajo por delante para mejorar la cantidad y la calidad lectora de nuestros jóvenes, porque es muy grande todavía la desigualdad de oportunidades. Para eso necesitamos maestros y profesores que valoren la importancia de introducir a los nuevos lectores en la dificultad, docentes capaces de construir un lector al que no le dé lo mismo un libro que otro. Del mismo modo que nos interesa el fondo editorial de un editor al que no le da igual editar un libro que otro y buscamos el nuevo libro de un escritor a quien no

58. Noé Jitrik, «El tema de la lectura: leer mucho y leer bien», en *Lectura y Cultura*, Ciudad de México, Universidad Nacional Autónoma de México, 1987

le da lo mismo escribir de un modo o de otro. Los buenos libros son construcciones de mundos, artificios que nos obligan a percibir otras vidas, imaginar otros derroteros humanos; ésa es una de las razones más fascinantes de escribir y de leer: mirar el mundo desde ojos ajenos, intentar adentrarnos en otras condiciones de vida para comprender un poco más de la condición humana. Una de las razones más poderosas del escribir y del leer es, sin duda, el deseo de comprender a los demás, espejo a su vez del deseo de comprendernos a nosotros mismos. Lectura y escritura como un camino de conocimiento. Tomando aquí y allá frases de *Nuevo elogio de la locura*, de Alberto Manguel, podríamos decir entonces que el lector ideal no es un taxidermista, tampoco es un arqueólogo; es más bien un inventor que lee para encontrar preguntas, que subvierte el texto, que sabe lo que el escritor apenas intuye, que cree que si no lee el mundo se vuelve más pobre y que vive cada libro como si fuera su autobiografía. Y un gran libro es un libro que crece mientras uno crece, un libro que no se gasta, que cambia con nosotros, que en la relectura tiene algo nuevo para darnos. Un buen libro es un territorio al que vamos en busca de preguntas y donde las respuestas —siempre provisorias— aparecen mientras escribimos o leemos, y aparecen en la medida en que lo escrito toma forma. En un buen libro, quien escribe aprende mientras escribe y se enseña a sí mismo —como dice Chambers de Ana Frank— cómo volverse escritor.

El buen lector. ¿Cuándo y dónde se convierte un niño, un joven en un buen lector, en un lector capaz de leer de ese modo? Tal vez «desde pequeños si se trata de una comunidad que usa libros; pero de sobra sabemos que no todas las familias pueden ofrecer eso; *la escuela si lo puede ofrecer:* el espacio escolar es uno de los espacios privilegiados para que libros y lectores aparezcan»,[59] dice Emilia Ferreiro. Sin embargo, no debemos olvidar que los llamados libros para niños o para jóvenes son, en muchas ocasiones, más que literatura, libros vigilados, y entonces es muy fácil que aparezcan (pese a todo lo que muchos hemos luchado para que no sea así) mandatos, estereotipos y superficialidades que mutan y se reciclan de mil maneras. Basta haber sido en alguna ocasión jurado de la producción editorial para niños y jóvenes del país (y sospecho que algo similar sucede con las producciones editoriales de otros países) para comprobar que un gran volumen de esa producción podría ir rápidamente al cajón de desperdicios. Tenemos entonces que saber —escritores, editores, especialistas, mediadores— que la literatura es otra cosa, que es un lugar donde se producen rupturas. Existen muchos libros que responden al clisé de la *literatura juvenil* y transitan por los tópicos de la vida de niños

59. Emilia Ferreiro, «Acerca de las no previstas pero lamentables consecuencias de pensar sólo en la lectura y olvidar la escritura cuando se pretende formar al lector», en *Lecturas sobre lecturas: ponencias del Seminario Internacional de Fomento de la Lectura*, Ciudad de México, Conaculta, 2002

y jóvenes; no obstante, si hablamos de literatura ya no sabemos decir características que los uniformen, porque la literatura —cuando es de verdad— es singular, trata de libros que más allá de una peripecia nos proponen una experiencia del lenguaje y un recorrido de lectura que los vuelve únicos. Vivo como una necesidad, un desafío, una responsabilidad y un privilegio que en las escuelas de mi país los libros se incluyan en los programas escolares, de modo que convertirse en lector no sea un asunto de algunos sino una política de Estado, porque la construcción de lectores tiene su punto nodal en la escuela. Defiendo mucho a la escuela y al trabajo de lectura que puede hacerse en ella, porque la escuela es (al menos en nuestro país) el gran igualador social de recursos culturales; en cuanto a los libros mismos, no creo que haya problemas en leerlos como parte de un programa, ni como parte de un deber, en clase o en casa (siempre que la persona que guíe sea un buen lector, aporte buenos libros y habilite la conversación en torno a lo que se lee), porque, como bien sabemos, muchas veces el placer de descubrir un libro que se convertirá en inolvidable proviene del esfuerzo de transitarlo. Todo lo que nos lleva a lugares nuevos implica esfuerzo y es poco probable que un niño haga eso por sí mismo, sin la ayuda de un adulto. Desconfío bastante del «espontaneísmo» lector de niños y jóvenes, donde pareciera que eligen solos cuando en realidad son inducidos a elegir ciertos libros por arrasadoras estrategias de mercado. Frente a ello haría un elogio de la dificultad y de la importancia de transitar esa dificultad junto a un maestro, un profesor, un bibliotecario, un padre.

Convertirse en lector lleva su tiempo y es una tarea de alta intensidad; se trata de dar saltos sobre uno mismo hacia una mayor conciencia, una mayor complejidad, saltos para, en palabras de Chambers, ponerle el pecho a «una literatura que no se dirija al público, sino al lenguaje». La buena literatura quiere lectores capaces de leer en serio, lectores capaces de comprender que la única libertad de pensamiento es la libertad que se construye. El camino hacia los grandes textos y las grandes obras que por siglos transitaron de modo privado y natural las clases privilegiadas (que no necesitan hacer demasiados esfuerzos para apropiarse de los bienes culturales porque esos bienes están al alcance de la mano), puede hacerse en la escuela, a través del esfuerzo y la dificultad, con niños y jóvenes de otros sectores menos privilegiados. Porque es una idea aristocrática considerar que a los bienes culturales se accede naturalmente, cuando no se forma parte del mundo habitual de circulación de esos bienes y porque «la gente no sabe el tiempo y el esfuerzo que son necesarios para aprender a leer. Yo vengo intentándolo desde hace ochenta años, y aún no puedo afirmar que lo haya logrado»,[60] como cita Manguel una car-

60. Alberto Manguel, *Nuevo elogio de la locura*, Buenos Aires, Emecé, 2006

ta de Goethe, quien como sabemos formaba parte del mundo de circulación de bienes culturales de su tiempo.

Leído en las Jornadas Internacionales para Docentes en la XL Feria Internacional del Libro de Buenos Aires, 26 de abril de 2014

LA LECTURA,
OTRA REVOLUCIÓN

Las palabras sacan a las cosas del olvido
y las ponen en el tiempo;
sin ellas, desaparecerían.

Daniel Moyano

1.

Durante mucho tiempo se pensó que la primera imprenta del Río de la Plata había sido aquella conocida como Imprenta de los Niños Expósitos, instalada en Buenos Aires por el virrey Vértiz, en la que se imprimieron los libros previos a la revolución de mayo de 1810. Pero la primera imprenta de estas tierras no se importó de España; creada y manejada por guaraníes reducidos por los jesuitas, nació en la selva y fue armada allí con tipos de fabricación propia y signos fonéticos nuevos, invenciones para escribir una lengua desconocida en el viejo mundo, porque el primer libro que se estampó y también los dos o tres primeros que le siguieron fueron traducciones al guaraní de diccionarios, reflexiones y catecismos realizadas por hombres de esa cultura y por los padres jesuitas. Después de diez años de trabajo, en 1705, en Santa María la Mayor, en la margen occidental del Uruguay, se estampó el primer libro, traducido por el padre Joseph Serrano, quien había pedido a los reyes autorización para imprimir estas obras pues:

[…] así la imprenta como las muchas láminas para su realce, han sido obra del dedo de Dios, tanto más admirable, cuando los instrumentos son unos pobres indios, nuevos en la fe y sin la dirección de los maestros de Europa, para que conste que todo es favor del cielo, que quiso por medio tan inopinado enseñar a éstos las verdades de la fe.[61]

Ochenta años después de aquel hecho, el virrey Vértiz fundó en Buenos Aires una imprenta cuyos primeros tipógrafos fueron los huérfanos, hijos de padres desconocidos, arrojados en la cuna de la caridad pública, fundada al mismo tiempo que la imprenta destinada a su sostén. En ella se publicaron los primeros periódicos literarios, científicos y sociales, y todas las hojas y folletos previos al estallido de la revolución de mayo. De modo que en el comienzo no estuvo la Imprenta de los Niños Expósitos, aunque los argentinos hayamos vivido muchas veces como huérfanos, esperando que los bienes y las validaciones llegaran desde otros sitios, alabando lo que nos daban, descalificando lo hecho en casa, agradecidos por la dádiva.

2.
Quisiera extraer de esta circunstancia histórica por lo menos dos cuestiones.

61. Bartolomé Mitre, *Orígenes de la imprenta argentina*, Santa Fe, El Cid, 2003

Por una parte *el origen americano* de esa primera imprenta realizada, según documentos, por unos indios incultos que sin embargo sentaron la piedra basal de la letra impresa entre nosotros, lo que nos lleva a la oscura y olvidada presencia indígena en la construcción cultural y en la historia de la letra en nuestro país, y coloca a las culturas originarias en el comienzo del libro entre nosotros. El olvido, la invisibilización, el borramiento o la desaparición de nuestros bienes materiales y simbólicos, así como la anulación, la destrucción cultural o llanamente la eliminación del *otro,* trazan una línea histórica que va desde la Conquista española hasta la Conquista del desierto; desde la guerra de reorganización nacional entre civiles y la llamada lucha de la civilización contra la barbarie hasta el golpe de Uriburu, la semana trágica o el 55; desde los golpes de Estado de los años sesenta hasta el golpe de marzo del 76; desde la desaparición de personas en los años setenta hasta la desaparición del Estado y la pauperización social de los noventa, como una recurrencia en el devenir de nuestra sociedad. De la misma forma, podríamos ver el grito de Independencia o los gritos de Alcorta, la ley Sáenz Peña, el 45, el voto femenino, la lucha de los organismos de derechos humanos, los movimientos indígenas o las ligas campesinas, como algunos de los muchos intentos de visibilizar a ciertos *otros* ocultados, pauperizados, desaparecidos, robados o asesinados.

Por otra parte, quisiera traer *el carácter mestizo* de aquella creación llevada a cabo por los guaraníes en la vecindad, la dependencia y el intercambio con los jesuitas. El encuentro de lenguas que eso implica y la traducción como puente, construcción, transformación y supervivencia, y como base de una cultura que se resiste a la simplificación folclórica y a lo pintoresco, porque necesita explorar su identidad en la mezcla de textos, de gestos, de visiones del mundo y de lenguas de distintas procedencias como modo de fundarse. Construcción mestiza de nuestra cultura, y en última instancia de toda cultura salida de la endogamia, como condición necesaria para ser, y en consecuencia el rechazo de toda idea purista de raza, de clase, de cosmovisión o de lengua. Esa condición persistente de mestizaje —sostenida pese a todo intento de destrucción— entre diversas zonas, clases, geografías y lenguas, también atraviesa la literatura argentina, cuyos referentes pueden provenir de un poblado jujeño, ser de la aristocracia polaca y devenir desclasados en Buenos Aires; escribir en un francés travestido con los modismos del Río de la Plata o en un español con inflexiones del inglés; imaginar sus relatos en el campo de batalla o escondidas tras un nombre de varón en los albores de la patria, y ejercer como docentes, periodistas, correctores, telegrafistas, amas de casa o miembros de la clase patricia. La literatura de nuestro país proviene, quizá más que en otros países, de un amplio abanico de diversas procedencias que se vuelve visible hacia los años cincuenta cuando empiezan a circular escritores pertenecientes a los estratos medios, muchos de ellos de las provincias, que no se dedican de tiempo completo a sus escrituras porque deben trabajar de otras cosas para vivir; todo esto constituye el corazón mismo de nuestra diversidad literaria y, en consecuencia, de su riqueza.

3.

«¿Quién soy?», se pregunta el Castelli de Andrés Rivera en *La revolución es un sueño eterno*, novela histórica que abunda en la necesidad de la escritura:

> Yo, que me pregunto quién soy, miro mi mano, esta mano, y la palma que sostiene esta mano, y la letra apretada y aún firme que traza, con la pluma esta mano, en las hojas de un cuaderno de tapas rojas.
>
> Miro la mesa en la que apoyé el cuaderno de tapas rojas, y miro, en la mesa, un tintero con base de piedra, y la vela, gruesa, que alumbra el cuaderno, la mesa, mi frente, mi boca y la mano que escribe...
>
> ¿Quién soy?[62]

Ese Castelli literario que evoca al orador de la revolución de mayo mientras agoniza por un cáncer en la lengua, escribe lo que recuerda y lo que siente en un cuaderno de tapas rojas. También nosotros des-

62. Andrés Rivera, *La revolución es un sueño eterno*, Buenos Aires, Seix Barral, 2005

cubrimos quiénes somos a medida que narramos a otros o a nosotros mismos lo que nos ha pasado. Las palabras, como dice Moyano, «sacan a las cosas del olvido y las ponen en el tiempo»,[63] se abren paso en la maraña del lenguaje, para nombrar el mundo y permitirnos encontrar un lugar en él. Palabras nuestras y palabras de otros, porque citando a Mèlich: «la presencia interpelante del otro... nos convierte en seres vivos»,[64] nos saca del autismo, nos vuelve humanos. La necesidad de ser escuchados y la importancia de escuchar van construyendo nuestra memoria; necesitamos alcanzar cierto sentido de lo que fue, discutir acerca de lo que nos ocurre y comprender lo ya ocurrido, si queremos abrir un lugar en el presente. Sin una relación con lo que fue, con los hombres y las mujeres que antes hubo, jamás podríamos responder a la pregunta que se hace el Castelli de Rivera. ¿Quién soy?, ¿quiénes somos?, ¿de qué modo hemos llegado hasta aquí?

¿Qué relación hay entre un pasado de «manual» y nuestra vida de todos los días? ¿Qué relación existe entre los gestos repetidos dentro de casa y lo público clausurado en sus sentidos hasta volverse ajeno? La historia de cada uno de nosotros, aun en sus aspectos más privados, forma parte de un pasado común,

63. Daniel Moyano, *Tres golpes de timbal*, Buenos Aires, Sudamericana, 1990

64. Joan-Carles Mèlich, *Filosofía de la finitud*, Barcelona, Herder, 2002

y no es posible reconstruir el pasado personal sin reconstruir al mismo tiempo un pasado de época. Poder mirarnos en la trama de lo que nos precedió y reconocer en ella aspectos propios, construye nuestra identidad y nos sostiene. La memoria es un continuo movimiento desde lo individual hasta lo social y desde nuestras condiciones presentes hacia atrás y hacia el mañana; un cruce de fuerzas y luchas por retomar hilos perdidos, dialogar con zonas replegadas aún invisibles, aprender de los errores y los aciertos de quienes fueron antes; un intento por construirnos individual y socialmente, porque no hay futuro individual separado del futuro de todos. ¿Quiénes somos?, ¿de dónde venimos?, ¿por qué de ese modo y no de otro? Me interesa comprender cómo las políticas económicas de un país o del mundo —el liberalismo, la globalización, la dictadura o la guerra— duelen en insospechados rincones de nuestro mundo personal, en nuestra sexualidad, en nuestra condición de padres, de hijos, de empleados... ¿De dónde provienen nuestras contradicciones, nuestro deseo de ser «de otra parte» o «de otro modo», nuestro escepticismo, nuestra creatividad? ¿De dónde proviene ese archivo de palabras y de imágenes que arrastra hacia nosotros guerras, miseria, orfandad, pero también profundos gestos de amor, de dignidad, de responsabilidad para con otros?

Vivimos en un país todavía en construcción, con aspectos muy complejos que incluyen tanto el deseo de integración como el de destrucción del *otro*, un país donde todavía es muy difícil alcanzar ciertos acuerdos y contratos sociales que nos incluyan a todos. Esa construcción de identidad, el *punto de capitón*, se hace, en buena medida, a través de la memoria; pero esa memoria de todos no es unívoca sino un tejido hecho por individuos afectados/atravesados de distintos modos por ciertos hechos. La mirada atenta a un ayer recuperado en su complejidad y, sobre todo, en su diversidad, nos ayuda a comprender que ese trabajo no nos es ajeno, que podemos formar parte de ese tejido con nuestras ideas, experiencias y sentimientos, que eso que hoy consideramos «nuestro» fue realizado alguna vez por un individuo, por una comunidad o por un sector social y logró sobrevivir más allá de las fronteras culturales, étnicas o lingüísticas que lo generaron. «Ignoro mi nombre. Fábulo, antes de enviarme aquí [...] borró todo lo que había en mi memoria, abriéndole espacios para poner en ella la de su pueblo. Y me entregó las palabras, que son mi única realidad, al menos aquí en este refugio»,[65] dice Daniel Moyano en *Tres golpes de timbal*. Necesitamos releer el pasado, ponerle palabras a lo que ha permanecido invisible, comprender que las promesas incumplidas, los sueños destruidos y los proyectos que naufragaron, lo que no tuvo lugar, regresa al cuerpo social y nos enferma.

65. Daniel Moyano, *op. cit.*

1.

En la «Fundación Mítica de Buenos Aires», que Borges incluyó en *Cuaderno San Martín*, en 1929, se dice que los hombres compartieron un pasado ilusorio, y que «sólo faltó una cosa: la vereda de enfrente».[66] La dificultad de incluir a otros diferentes de nosotros parece haber sido una constante en nuestra historia, pero tal vez también en las historias de otros pueblos. De haber escuchado, de haber prestado atención a lo que oíamos, de haber vuelto los ojos hacia lo que permanecía excluido, olvidado o negado, también hubiéramos podido comprender y ser comprendidos, además de volvernos más responsables. La pregunta que habilita una escucha tiene estatura ética porque le da cabida al *otro*, nos permite alojar su humanidad, hacerle un lugar en ese relato de todos. Ayudar a las nuevas generaciones a hacerse preguntas, a escuchar y a escucharse, para que puedan comprender quiénes son y apropiarse de sus vidas, es uno de los aportes más sustanciales que puede hacer la educación. Un maestro y una escuela predispuestos a escuchar y a que diversos *otros* puedan escucharse entre sí construyen un territorio de atención horizontal, no

66. Jorge Luis Borges, *Obras Completas 1*, Buenos Aires, Emecé, 2005

sólo de descenso de un relato instituido, y se constituyen al mismo tiempo en vehículos de traducción, puentes de habla entre partes. Cualquiera que sea el nivel educativo en el que esté inserto, el maestro puede —hoy más que nunca— generar preguntas acerca del modo en que vivimos, porque pese a todo lo que pueda parecer, enseñar está entre los trabajos menos alienados, es una de las ocupaciones humanas en la que más y mejor podemos ejercer una mirada crítica, problematizar la realidad, tomar distancia de lo establecido.

2.

¿Qué lugar ocupa en todo esto la lectura? «Los que más necesitan son los que menos pueden decir su palabra»,[67] dijo esa extraña obrera, filósofa, santa, Simone Weil. Acercar la palabra a quienes más carecen de ella, hacer que tengan voz y voto en una suerte de «nuevo sufragio universal», es algo que todavía debemos construir. Cuando leemos, enseñamos, escribimos o ayudamos a otros a leer, enseñar o escribir, las palabras nos vinculan al mismo tiempo a lo individual y a lo social, porque la lectura es, además de aquella práctica solitaria y exquisita que a menudo referimos, un instrumento de intervención sobre el mundo que nos permite pensar, tomar distancia, reflexionar; también es una espléndida posibilidad

67. Simone Weil, *La gravedad y la gracia*, Buenos Aires, Sudamericana, 1953

para dar lugar a las preguntas, a la discusión, al intercambio de percepciones y a la construcción de un juicio propio. Pero, para eso, dice Martín Kohan:

> [...] en un ámbito escolar no puede haber malas lecturas [...] porque no sólo se trata de formar lectores: se trata de formar buenos lectores. [...] Si no, es como una especie de fetichismo de la lectura por la lectura misma, o de la esperanza de que, aunque lea malos libros, «ya lo hemos traído a la república de la lectura» [...] La escuela tiene que formar un lector que rechace un libro cuando está mal escrito.[68]

3.

Los libros que leemos son manifestaciones estéticas acerca de unos *otros* ficcionales representativos de quienes antes fueron o están ahora, o podrían estar alguna vez, una forma de memoria hecha carne en el imaginario, en la que voces que creímos olvidadas, perdidas, o imposibles, son traídas para ayudarnos a ver y a construirnos. En la literatura, así como en el arte, la humanidad encontró un vehículo para transmitir sus representaciones del mundo, diferentes según la época y las condiciones sociales, económicas y culturales. Cada libro —no-

---

68. Ana Abramowski, e Inés Dussel, (s. f.), «Martín Kohan: la escuela tiene que separar la buena de la mala literatura, sin remordimientos», *Monitor* nº16, disponible en www.me.gov.ar

vela, cuento, poema— contiene, con mayor o menor felicidad, una lectura del mundo, y leer lo que fue escrito es ingresar al registro de la memoria de una sociedad, a lo que esa sociedad considera (y esto no es orégano sino un verdadero campo de batalla) por alguna razón, perdurable; es entrar a ese inmenso tapiz tejido bajo distintas circunstancias por tantos seres, a lo largo del tiempo. Así podríamos decir que la historia de la literatura y del arte es también la historia de la subjetividad humana y de las condiciones materiales y simbólicas en las que esa subjetividad se desplegó. Contra el solo impulso y la descarga individual, contra el puro entretenimiento y el adormecimiento de la conciencia, el arte nos recuerda quiénes somos y nos propone una de las inmersiones más profundas en nosotros mismos y en la sociedad de la que formamos parte.

Ese tejido es tan intenso como heterogéneo, porque está hecho de infinitos aportes singulares. Tomar entonces la palabra para que ingresen nuestros hilos en el tapiz, los hilos de todos. Múltiples memorias relativizándose entre sí para que ni el pasado ni el imaginario se clausuren en un relato único, para que permanezca un estado de interrogación que nos permita encontrar las palabras para narrar lo que aún no se ha narrado. En la construcción de ese tejido de subjetividades se inscribe parte del valor de la literatura en una sociedad, ya que nuestros escarceos y sus manifestaciones son intensos ejercicios de comprensión de lo que a nosotros o a unos *otros* imaginarios les acontece o podría, en ciertas circunstancias, acontecerles.

4.

Así, leer/escuchar/escribir es abrir para nosotros y para otros un camino de libertad. Pero no se trata de algo dado de una vez y para siempre sino de un camino, porque ya no es en un libro o en una acción sino en el tránsito, en la precariedad de lo que está dejando de ser para convertirse en otra cosa, en ese río del tiempo que va de una palabra a otra, de un libro a otro, de un gesto a otro, donde se aprende y donde se enseña. Podemos ofrecer libros y diseñar estrategias de lectura, pero servirán de poco si desarticulamos la capacidad de disparar la letra, si desactivamos su cualidad de transformarnos, de incomodarnos, de hacernos pensar. Escuché decir a una maestra: «Quiero ser un puente sencillo entre los libros y mis alumnos». No sé si hay una definición mejor para un maestro, en cualquier nivel educativo, que la de ser un puente por el que transita un saber recibido, procesado en el crisol de lo más personal, puesto en discusión en el espejo refractario de la propia ideología, para pasarlo luego como un saber que se desea legar a los que llegan, un saber que, según consideramos, los que nos siguen no debieran perder para que la vida se les haga más intensa, de mayor espesor, con más entidad e identidad, o sencillamente más soportable. Un maestro como un puente entre lo que antes hubo y lo que vendrá, un puente a través del cual se produce un encuentro. Pero convertirnos en puente no es una tarea mecánica, ni ingenua ni exenta de ideología. Somos lo que hemos vivido y leído, y somos el resultado de poner en cuestión eso que vivimos y leemos. Tenemos cierta libertad de elegir, aunque no podamos elegir las condiciones en las cuales hacemos esas elecciones ni decidir las condiciones en las que enseñamos, porque están atravesadas por una red social, económica y política de la que no siempre tenemos conciencia.

5.

«¿Qué revolución compensará las penas de los hombres?»,[69] se pregunta el Juan José Castelli creado por Andrés Rivera. ¿Qué sociedad deseamos para nosotros mismos y para nuestros hijos? ¿Qué estamos dispuestos a hacer y a qué estamos dispuestos a renunciar para construir esa sociedad que deseamos? ¿En qué nos ha compensado la revolución cuyo bicentenario celebramos? ¿Qué deudas debemos pagar todavía para ser dignos de decir libertad, independencia...?

Siempre ha existido una vinculación entre la guerra y la palabra, entre las luchas por el poder y los relatos. Esa tensión entre la letra y el plomo, y entre ambos y el bronce, nos recuerda que la palabra, la prensa, el libro y la literatura no son artefactos ingenuos ni están fuera del cruce de intereses e ideolo-

69. Andrés Rivera, *op. cit.*

gías de una sociedad. Los hombres de la revolución de mayo de 1810, en Argentina, y los hombres de letras de nuestra historia fueron, en muchas ocasiones, los mismos hombres, y en sus obras, tanto como en sus actos, se reflejaron de diversos modos los proyectos ideológicos. «Con la espada, con la pluma y la palabra», hemos repetido ese estribillo durante décadas, la letra convertida en plomo, la materialización de la metáfora del poeta español Blas de Otero acerca de la poesía como un arma cargada de futuro. ¿Qué pensábamos, que Sarmiento, Echeverría, Eduarda Mansilla o Juana Gorriti no sabían que con sus plumas estaban librando batallas? ¿Debemos pensar que eran ingenuos y desconocían la importancia de defender sus ideas, de dejarlas por escrito, de grabarlas en la piedra, de difundirlas a los cuatro vientos?

Hace unos días visité la muestra de las mujeres en la Casa del Bicentenario. Entre las muchas miradas sobre tantos aspectos que tienen que ver con las mujeres, hay imágenes acerca de las cautivas. Las cautivas del gran relato nacional son blancas en manos de salvajes, descendientes de europeos cuyos brutales captores son indígenas. Una metáfora entre otras acerca de la lucha entre la civilización europea, de clase, y la barbarie autóctona, pobre. Todo eso —que en algunas ocasiones fue verdad, pues hubo muchas mujeres blancas llevadas por indígenas a sus tolderías— contrasta con hechos de nuestra historia por todos conocidos:

el conquistador blanco ingresando en territorios aborígenes, matando y destruyendo; sabemos que también hubo muchas cautivas indias en manos de captores blancos, que la mujer como botín de guerra es una constante en la historia de los pueblos; sin embargo, el relato que heredamos y que aceptamos acríticamente es el relato blanco. Los aborígenes no pudieron integrar, menos aún imponer, su relato en el relato de todos, hablar también ellos de sus mujeres cautivas y de sus hombres y mujeres desculturizados, pauperizados o asesinados. Lo más terrible de todo no es siquiera eso, sino que esto se enseña, se transmite, despojado de su brutalidad ideológica, en escuelas donde los alumnos son nietos o bisnietos de aquellos hombres y mujeres despojados o asesinados. No hace mucho, en una actividad que realicé en una escuela patagónica, una docente de la meseta que se presentó como de origen mapuche, dijo: «Mis alumnos, todos indígenas, concurren cada día a una escuela que se llama General Roca y son obligados a saludar como prócer a quien destruyó a sus pueblos, ¿qué diríamos si un niño de origen judío tuviera que estudiar en una escuela que llevara por nombre Adolf Hitler?». La calle central de más de una ciudad patagónica, por poner otro ejemplo, se llama Primeros Pobladores, en referencia a los primeros colonos que llegaron a los valles a comienzos del siglo xx, ¿entonces debemos pensar que los hombres y las mujeres que habitaron antes esos valles no eran pobladores?, ¿o acaso

queremos decir que no eran hombres? Distanciar-
nos para pensar y tomar posición con respecto a
lo que enseñamos, procesar los hechos de nuestra historia, revisar ese pasado que nos precede
para que nos incluya a todos de un modo digno
en nuestra particularidad y en nuestra diferencia,
todavía es, en muchos casos, nuestra deuda. La
escuela no sólo es el espacio para instalar la lectura —la gran ocasión, para decirlo con aquellas
palabras de Graciela Montes—, sino también para
construir conciencia acerca de nosotros mismos y
desarrollar nuestro pensamiento, no dar por sen-
tado el mundo. Hemos aprendido y enseñado a
leer, pero no siempre hemos aprendido y enseñado
a leer entre líneas, a entrar en los pliegues de un
relato. Tal vez en este aniversario podamos volver a una idea de un maestro y una escuela que
tienen mucho que enseñar, un maestro y una escuela que nos ayuden a pensar acerca de nosotros
mismos. «Mi papel en el mundo [...] no es sólo el
de quien constata lo que ocurre sino también el de
quien interviene»,[70] decía Paulo Freire, para recor-
darnos lo que muchas veces olvidamos o se quisiera
que olvidemos: la importancia transformadora que
puede tener un docente.

70. Paulo Freire, *Pedagogía del oprimido,* Ciudad de México,
Siglo XXI, 2011

1.

Una obra es el espacio donde se encuentran —en el momento único que ofrece la lectura— quien escribe y quien lee, dos subjetividades a veces de distintos siglos, de distintas culturas, de distintas lenguas. Escuchar la voz, el grito, el susurro, el dolor o el asombro de una cortesana de la dinastía Tang, un funcionario del siglo de Pericles, un campesino maya k'iché, una solterona estadounidense del siglo xix o una aristócrata rusa de comienzos del siglo xx, es un encuentro que sólo nos permite el arte. Leemos en nuestra necesidad de ensimismarnos, pero también porque buscamos intensa, desesperadamente, comunicarnos. Siempre pensé, mientras coordinaba talleres literarios en instituciones carcelarias, en barrios o geriátricos, y también en estos últimos años, mientras escribo en mi casa, que las palabras y los libros no son importantes por sí mismos, sino porque a un extremo y al otro de lo escrito y lo leído hay personas que se encuentran. Los libros son puentes entre personas, puentes para «aprender a pisar, a sostenerse»,[71] como dice la poeta Circe Maia. La literatura no es sólo un conjunto de palabras colocadas en armonía sobre la

71. «Dossier Circe Maia», en *Diario de poesía* (Argentina, 1997, núm. 43)

página, también es pensamiento; utiliza para *ser* la más compleja construcción social, que es el lenguaje; e intenta, cavando en esa tierra de todos, edificar una lengua privada. Por esta razón, como todas las artes, pero todavía más, la literatura es al mismo tiempo íntima y social; lo es en sus ideas, pero más aún en el modo en que utiliza el lenguaje, que es un bien de todos, y en la manera en que eso que es de todos se refleja en la subjetividad individual. Así, el cosmos de significación personal que construimos al escribir y recreamos al leer, se dirige doblemente a la sociedad de donde proviene, porque se construye con un bien social y se alimenta de los relatos que esa sociedad genera, por todo lo cual nos incluye doblemente.

Lo verdadero y lo ficcional se funden en los procesos de creación de una obra. Una novela, por ejemplo, es una mentira que construimos para decir una verdad que todavía no conocemos, una verdad más verdadera que la verdad. Todo está ahí en el mundo, listo para ser arrebatado: nuestra experiencia y la de otros acerca de cada cosa. El arte se alimenta, se apropia, de eso que está ahí y es de todos. La apropiación que hace la literatura sobre el patrimonio común, el lenguaje, regresa más tarde o más temprano por sus cauces y nos pide dirigir la mirada hacia los otros; nos pide mirar y escuchar con atención, con persistencia, con imprudencia, con desobediencia, no para dar respuestas sino para generar preguntas. Un escritor es como «un perro oliendo las huellas que el mundo deja», dice el cineasta Alexandre Kluge, alguien que, con cierto olfato, emoción y mucho amor por el detalle, imagina lo que pudo haber sido.

2.

Para terminar, un breve fragmento de la conmovedora novela de Coetzee que se titula *La edad de hierro*, en la que la protagonista, una mujer sudafricana, de raza blanca, profesora universitaria, vieja y enferma, le escribe a su hija que vive en Estados Unidos, acerca de una foto:

> Aquel día nos fotografiaron en un jardín. Detrás de nosotros hay unas flores que parecen malvarrosas. A nuestra izquierda hay un lecho de melones. Reconozco el lugar… Año tras año la fruta, las flores y las verduras brotaban en aquel jardín, lanzaban sus semillas, se resucitaban a ellas mismas y nos bendecían con su presencia abundante. Pero ¿quién atendía todo aquello con su amor? ¿Quién cuidaba las malvarrosas? ¿Quién ponía las semillas de melón en su lecho cálido y húmedo? ¿Era mi abuelo el que se levantaba a las cuatro de la mañana con el frío que hacía para abrir la compuerta y dejar que el agua entrara en el jardín? Y si no era él, ¿a quién pertenecía realmente el jardín? ¿Quiénes son los fantasmas y quiénes las presencias? ¿Quiénes, fuera de la foto, apoyados en sus rastrillos y sus palas, esperando para regresar al trabajo, se apoyan también en el borde del rectángulo, lo doblan y lo quiebran hacia adentro?

Dies irae, dies illa, aquellos en que el ausente está presente y el presente ausente. La foto ya no enseña quién había aquel día en el marco del jardín sino a los que no estaban allí. Guardadas todos estos años en lugares seguros por todo el país, en álbumes y en cajones de escritorios, esta foto y miles como ella han madurado sutilmente; se han metamorfoseado. El baño de fijado no salió bien, o bien el revelado fue más allá de lo que uno habría soñado, pero se han vuelto a convertir en negativos, un tipo nuevo de negativos en los que empezamos a ver lo que solía quedar fuera del marco, oculto.[72]

Quizás el festejo mayor en este aniversario sea poder mirar con atención lo que a lo largo de doscientos años ha estado fuera del marco, oculto. Incluso descubrir que muchas veces los que no aparecían en la foto, los que se apoyaban en sus rastrillos y sus palas en el borde del rectángulo, esperando que la puesta en escena terminara, para seguir cuidando y regando lo plantado, no sólo eran nuestros antepasados, sino acaso incluso nosotros mismos.

Leído en la apertura del XIII Congreso Internacional de Promoción de la Lectura y el Libro, Buenos Aires, 7 de mayo de 2010

72. John Maxwell Coetzee, *La edad de hierro,* Barcelona, DeBolsillo, 2008

LEER, DERECHO DE TODOS

1.

Leer fue en principio posibilidad, privilegio y poder reservados a muy pocos. Sorprende conocer cuántos reyes y emperadores eran todavía, en la Edad Media, analfabetos. Con la caída de la concepción teocéntrica del mundo y el nacimiento y desarrollo de la burguesía, leer se convirtió en la actividad burguesa por excelencia. Ahí están si no, para decirlo, los personajes de Jean Austen y la Madame Bovary de Flaubert. Hoy ya nadie se atrevería a considerar que no es necesario que un pobre aprenda a leer, como ya nadie osaría decir, por lo menos en público, lo que el brasileño Antonio Candido relata en *El derecho a la literatura:* que en tiempos de su infancia se consideraba que los sirvientes no necesitaban comer postre porque no estaban acostumbrados. «¿Un semejante pobre tiene derecho a leer a Dostoievski o a escuchar los cuartetos de Beethoven?»[73] La lectura, con su repliegue intimista y su incitación a lo sutil, lo delicado, la reflexión y el ocio, fue por mucho tiempo privilegio de unos pocos. Una mujer muy mayor me contaba hace poco que, cuando era niña, mientras bordaba para aportar al precario presupuesto fami-

73. Antonio Candido, *op. cit.*

liar, solía esconder un libro debajo del bastidor y lo sacaba cuando su abuela se retiraba de la habitación, porque en esa casa se leía los domingos, único día en que un pobre tenía derecho a pensar y a distraerse. La lectura, como el ocio, fue por mucho tiempo derecho de pocos, como puede apreciarse en *Las mujeres que leen son peligrosas,* el libro de Stefan Bollmann, que recorre imágenes de lectoras, desde el siglo XII hasta el presente. En una de esas imágenes, un cuadro de Charles Burton Barber de 1879 titulado *Muchacha leyendo con doguillo,* hay una chica que lee abrazada a un perro; la chica tiene los ojos en el libro y el perro apoyado en su pecho pone los suyos en nosotros. La escena, la joven, el libro y la taza de té en la mesita remiten a los gustos y el confort de una clase y una época; Bollmann señala, además, por si fuera necesario, que el perro pertenece a una raza proveniente de China, introducida en las casas burguesas como una moda de la época. Dice Tununa Mercado, en su novela *La madriguera:*

> Había que dejar el tumulto y buscar el encierro y encontrar una tal distancia del mundo, había que lograr tal grado de parálisis y aun de enfermedad para poder gozar de esa lectura, que sólo las celdas de un convento habrían sido propicias para una semejante situación de recogimiento.[74]

---

74. Tununa Mercado, *La madriguera*, Buenos Aires, Tusquets, 1996

Leer era una costumbre asociada a una clase, una condición social, un modo de ser. «¿Qué es lo que permite al pensador despreciar la inteligencia del obrero si no es el desprecio del obrero por el campesino, del campesino por su mujer, de su mujer por la mujer del vecino, y así hasta el infinito?»,[75] se pregunta Rancière en *El maestro ignorante*. El ingreso de la lectura en nuevos sectores sociales menos beneficiados nace con la Revolución industrial y con el imperativo de alfabetizar a los obreros para que aprendan a manejar las máquinas. Obreros que, una vez que han aprendido a leer, comienzan a demandar lecturas y provocan el nacimiento de los géneros llamados populares, desde el policial o el fantástico hasta la ciencia ficción y el folletín, los cuales instauran nuevas formas de leer más veloces y terminan sepultando, por lentas y tediosas, muchas novelas preexistentes, cambiando para siempre los modos de escribir y de leer. La literatura es un instrumento privilegiado de intervención sobre el mundo, pero, al menos en su forma escrita, no estuvo siempre a disposición de todos.

2.
Es un axioma que muchos pronuncian con nostalgia: «los niños y los jóvenes no leen», la televisión y las ya no tan nuevas tecnologías priman sobre los libros y los lectores y generan un panorama apocalíptico.

75. Jacques Rancière, *El maestro ignorante: cinco lecciones sobre la emancipación intelectual,* Barcelona, Editorial Laertes, 2003

«Antes se leía, ahora no», es lo que escucho con insistencia, dando por cierto ese ayer ilusorio que no se sabe a qué tiempo pertenece, a qué periodo, porque tanto me lo ha dicho una profesora jubilada de la edad de mi madre, una vecina que tiene mi edad, un periodista de la edad de mi hija, el señor que atiende la ferretería de mi pueblo que, como sabe que escribo, estima que la frase hará inmediata empatía conmigo.

Mediados de los cincuenta/mediados de los sesenta

Me crié en una casa donde había mucho relato, una casa en la que se contaba de mil maneras, con muchos detalles, la vida de los que habían estado antes: personas que habían vivido en pueblos lejanos o habían llegado a América, que habían arriesgado y perdido o ganado todo; se contaba lo extraordinario que habita en cada uno de nosotros, lo extraordinario de la vida en sí misma. A su vez, mi mamá solía recitar poemas que yo escuchaba como historias: la del árbol que no da frutos, la de la mujer que no puede ser madre, la del jardinero enamorado de la reina... Y estaban las canciones que mi papá cantaba acompañado de su banjo, canciones italianas de amor y desarraigo, todas ellas relatos de gran intensidad: el hombre que regresa a su casa de Trastevere, la canción de la *biondina in gondoletta*, o la del napolitano que va a trabajar a Milán y extraña su tierra. En fin, desde temprano entendí que el mundo estaba hecho de relatos y daba por cierto que estaban pobladas de relatos las vidas de todos cuantos me rodeaban. En ese contexto familiar, tendría tal vez seis años la tarde en que la madre de mi amiga Elita, cuya familia tenía un pasar algo mejor que el nuestro y que el de las demás familias de nuestro modesto barrio, llegó a nuestra casa con una carta en la mano para que mis padres se la leyeran. Esa noche en la cena escuché por primera vez la palabra *analfabeto* y supe que eso era algo que podía sucederles también a los padres y a las madres de los niños, que aun siendo grandes no hubieran aprendido a leer. Vivíamos en las afueras de un pueblo, nos faltaban muchas cosas materiales, incluso más de las que les faltaban a nuestros vecinos, pero nos diferenciaba que en casa hubiera libros, que mi papá siendo extranjero hablara perfecto castellano, que a mi mamá le gustara leer, que los chicos del barrio pudieran venir a casa para consultar los diccionarios o la enciclopedia para los deberes de la escuela. En aquel pueblo del que les hablo, como por entonces en la mayoría de los pueblos perdidos en el interior de las provincias de nuestro país, no había librerías. Yo entré por primera vez a una, la inolvidable Nubis de Córdoba, cuando ingresé a la universidad; en aquellos días del curso de ingreso, en 1971, después de haber escuchado hablar de Mallarmé y su tirada de dados, se me ocurrió, tan frescamente, ir a preguntar cuánto costaba, sin imaginarme que se trataba de una edición de culto, un libro para coleccionistas. Pero vuelvo a mi pueblo sin librerías. Si uno necesitaba comprar un libro debía encargarlo en el bazar para que lo encargaran al comisionista, para que lo buscara en la ciudad. Vivía en el lado sur del pueblo y me recuerdo cruzando el cuadro de la estación de trenes hacia «el otro lado» (como llamábamos al centro), para consultar si el libro ya había llegado. Para encargar un libro había que saber primero que existía, pero cómo saberlo, cómo descubrir nuestros intereses en un mundo sin internet, teléfono, viajes a la ciudad, suplementos literarios y librerías. Existía, sí, un señor que vendía diarios y revistas, *Billiken, La Razón, La Nación,* la revista de crímenes *Así*, la enciclopedia *Lo sé todo* y *El Gráfico,* y sucedió que, como al trabajo de mi papá llegaba una revista sobre negocios, él comenzó a llevar las revistas viejas a casa. En esas revistas —alguien que hoy imagino ha de haber sido una mujer— recomendaban libros y yo comencé a encargarlos en el bazar. Por esa sucesión de circunstancias pude leer en mi adolescencia, en aquel pueblo gringo, a Sara Gallardo, Silvina Ocampo, Simone de Beauvoir o *La bastarda* de Violette Leduc, avanzada de la narrativa lésbica parisina. Pero esa locura por los libros que me asistía era en mi entorno excepción de excepciones y sucedía seguramente porque mis padres tenían una antigua, heredada, afición por los libros y querían pasar a sus hijos esa herencia.

Fin del siglo XIX, primeras décadas del siglo XX

¿De dónde venía aquella apetencia de lectura en una familia como la de mis abuelos, especialmente la de mi abuela materna, tan extremadamente pobres? Porque la combinación pobreza/lectura no era habitual. Mi bisabuela materna, la madre de la madre de mi madre, pertenecía a una familia de campesinos que cuidaban y limpiaban una iglesia en un poblado del Piamonte llamado Casse Vecchie; ahí comienza, al parecer, el deseo de conocer las vidas de los santos con el propósito de ser buenas, considerando que la lectura de textos religiosos era el camino a esa bondad a la que aspiraban, a un dios encarnado en el prójimo. También comienza ahí la ambición de que algún hijo se convirtiera en sacerdote de esa pequeña iglesia, cosa que en efecto llegó a suceder más de medio siglo más tarde y, pienso yo ahora, también ha de haber comenzado el secreto propósito de dejar alguna vez de ser sirvientes para ser siervos simbólicos que, como todos sabemos, es más gratificante y llevadero. Así comienza la herencia de lectura, en el deseo de mi bisabuela de leer aquel libro de santos llamado *La Filotea*, así se alfabetizan esas mujeres, se alfabetizan solas, las unas a las otras, sin pasar por escuelas ni otros maestros que ellas mismas; y así hablan, leen y escriben, aunque con errores ortográficos, tres lenguas: italiano, castellano y piamontés.

La lectura como camino a Dios no es exclusivo de ellas, por supuesto; mucho se ha hablado de eso en relación con los santos y los místicos, con san Mateo, santa Teresa, san Agustín. «La Biblia y otros textos sagrados, que una gran cantidad de adultos de la comunidad conocen mucho mejor que los estudiantes universitarios, sirven como una rica introducción a las obras literarias»,[76] dice Sara Hirschman sobre su experiencia en *Gente y cuentos: ¿a quién pertenece la literatura?* Hace poco, de paso por Jujuy, tomé una excursión para ver la Cuesta de Lipán y las Salinas Grandes y bajar luego hacia el Santuario de Tres Pozos, en el departamento de Cochinoca, con sus casas de adobe, sus paneles solares, un cielo increíblemente azul, y el Cristo negro yacente del que hablaba la guía. Era tarde y atravesamos el patio de la escuela. En el patio vacío, un pizarrón. En el pizarrón, una frase de Gabriela Mistral: «La educación es la forma más alta de buscar a Dios». No estaba equivocada la gran Gabriela si consideramos que en tantas ocasiones a quienes no saben leer se les destinan los trabajos sucios de la sociedad, como tan bien lo expresa la protagonista de *El lector* de Bernard Schlink, analfabeta que oculta su vergüenza, condenada como está por su trabajo en un campo de exterminio. Sin duda, quienes poseen más conocimientos tienen más libertad, y

76. Sarah Hirschman, *Gente y cuentos: ¿a quién pertenece la literatura?*, Buenos Aires, Fondo de Cultura Ecónomica, 2012

recordando las palabras de Simone Weil: «los que más necesitan son los que menos pueden decir su palabra».[77] Los que menos saben tienen menos posibilidades, menos libertad, por eso la disminución que habita a las personas que no han aprendido a leer cuando viven entre lectores, como se evidencia en la ya mencionada protagonista de *El lector*, o en la mucama de *La ceremonia* de Claude Chabrol, disminución, minusvalía que flota en los personajes de *Las criadas* de Genet y en el crimen de las hermanas Papin que obsesionó a los surrealistas e inspiró a Lacan y a Allouch. Porque somos lectores ya avezados, olvidamos que la lectura —además de su valor intangible— tiene un valor práctico indispensable para la vida, para nuestra sobrevivencia. Al respecto, Ángela Pradelli, en una entrevista sobre su libro *El sentido de la lectura*, transmite un relato del italiano Ferdinando Camon acerca de por qué es bueno leer. Cuenta Camon que se crió en un pueblo de analfabetos y que cuando llegaba una carta iban a ver al cura del pueblo para que se las leyera: «Los he visto muertos de miedo con esa carta en la mano, y entonces juré que la escritura sería una herramienta para mí y pasaría del otro lado para concretar su venganza».[78] O como menciona en una entrevista el

77. Simone Weil, *La gravedad y la gracia*, Buenos Aires, Sudamericana, 1953
78. Ángela Pradelli, *El sentido de la lectura*, Buenos Aires, Paidós, 2013

escritor brasileño Marcelino Freire, de origen nor-
destino, acerca de su experiencia de lectura:

> Fui el único lector en mi casa. Mi función era
> leer, nunca tuve que hacer esfuerzos físicos para
> trabajar. Y fui muy respetado por leer y escribir.
> Yo escribía las cartas para los parientes y amigos
> que quedaron en nuestra tierra y leía los pros-
> pectos de los remedios. Y también le leía la Biblia
> a mi madre.[79]

O la transformación de sí mismo que narra el escritor salteño Santos Vergara, que nació y vive en
Orán, sobreviviente de los espacios más oscuros de
la marginalidad, cuya vida en relación con la lectura
y la educación debiera compartirse en nuestros ma-
gisterios y profesorados, en encuentros y jornadas.
Vergara creció virtualmente huérfano, bajo la tutela
de un padrastro que por ignorancia o por la extrema pobreza en que vivían, no lo mandó a la escuela
y hasta los doce años, cuando decidió emanciparse,
no tuvo identidad registrada. Aprendió a leer a los
quince años, hizo la escuela primaria y la secundaria en el lapso de cinco años, fue a la universidad
(la extensión en Orán de la Universidad Nacional de
Salta) y se recibió de profesor en letras. Actualmente
escribe, enseña, edita y dirige los *Cuadernos del Tró-*

79. Silvina Friera, «El poeta de la familia», Buenos Aires, *Pá-
gina/12*, 30 de junio de 2013

pico, con textos e imágenes de escritores y artistas de su región.

Estaba expuesto al peligro y me sentía ignorante porque no sabía leer ni escribir. Miraba los diarios y no entendía nada, veía que la gente estallaba en risas cuando leía el Patoruzú, y no sabía de qué. Tomé conciencia de que debía estudiar. Para ese tiempo ya juntaba recortes de diarios de los basurales y hacía esculturas de yeso y dibujaba con carbón. Me inscribí en el plan DINEA. Me sentí maravillado cuando descubrí la biblioteca, terminé siendo abanderado en la Escuela de Comercio número 20. Mi problema era cómo iba a hacer para seguir mis estudios, ya que en Orán no había universidad, pero la suerte volvió a estar de mi lado. En 1980 se creó la sede de la UNSA y me inscribí en letras y así pude recibirme de profesor en 1985. Fue por aquella época. Tenía varias cosas sueltas. Así salió un cuento que titulé «El grito de Agapo», con el que gané el primer premio del concurso internacional El Quijote de Plata. En 1985 publiqué *Las ausencias,* una recopilación de cuentos y poemas. A partir de ese momento no he dejado de escribir ni de dibujar ni de pintar. Me siento reconfortado. Para alguien que ha vivido en la más extrema pobreza y que tuvo que atravesar tantas vicisitudes no ha sido una tarea fácil. Me apasiona la docencia, porque la siento como una oportunidad para dar. No quise ser profesor en la universidad, porque siento que en los colegios secundarios es donde puedo hacer un mejor aporte, tomando como base mi experiencia de vida.[80]

3.

Fui niña en la segunda mitad de los cincuenta. En aquellos años se alfabetizaba, como nos lo recuerda Emilia Ferreiro, a través de sonidos sueltos, en la idea de que primero debíamos aprender lo mecánico y recién después ir hacia el texto y su comprensión. No había, dice ella, una idea acerca de «lo que es un sistema de escritura, de que las escrituras no se dejan reducir a los códigos, son objetos culturales de identificación colectiva y no solamente códigos [de que] el mejor modo de existencia de la lengua es el texto».[81] Por mi parte, no recuerdo que hayamos leído ningún libro completo de literatura a lo largo de toda la escolaridad primaria y secundaria. Tal vez se debiera a que la base de lectura del alumnado era muy precaria y se partía desde un piso muy bajo, leíamos fragmentos de *Facundo, Martín Fierro*

80. Santos Vergara, «Crecí en la más extrema pobreza y siento que triunfé», Argentina, *Tres líneas*, 19 de agosto de 2012

81. Claudia Molinari y Adriana Inés Corral, *La escritura en la alfabetización inicial: producir en grupos en la escuela y en el jardín*, Buenos Aires, Dirección General de Cultura y Educación, 2008

y *Santos Vega*, y en uno de los cursos algunos leímos una antología de Lacau Rosetti como libro único. Este encuentro afortunado me llevó en los años siguientes, ya como estudiante en la universidad, a la obra de poetas como Rega Molina, López Merino, Amelia Biagioni, H. Murena, Juana Bignozzi, César Fernández Moreno, Marechal; poetas del sistema poético nacional a los que quizás de otro modo no hubiera llegado... Pero esa era una avidez personal, porque en la escuela de los años sesenta, en aquel pueblo del interior de mi provincia, no se leía más que hoy que vengo de estar en la meseta neuquina, la quebrada jujeña, la periferia cordobesa, o en aquel mismo pueblo donde pasé la infancia. Hay excepciones, claro, siempre las hubo. En Cruz Alta, una ciudad del este cordobés, donde me invitaron, una profesora jubilada que concurrió a la charla me dijo: «Estás en un lugar de privilegio, porque en los años setenta estuvo aquí mismo Daniel Moyano, lo trajimos desde La Rioja, y estuvieron Alejandra Pizarnik y Roa Bastos», quien además dio una suplencia en el colegio. Siempre hubo personas que con su experiencia y su pasión intentaron instalar proyectos de lectura en sus lugares y en esos lugares dejaron su marca, como la profesora Clara Passafari de Gutiérrez en aquella escuela de Cruz Alta, o el profesor Nicolás Bratosevich en el alto valle de Río Negro, a donde viajaba a dar talleres cuando estaba proscrito por la dictadura; personas que generaron lunares de construcción lectora en un país que tenía concentrados a sus lectores, sus librerías, sus editoriales y sus espacios de formación en la ciudad de Buenos Aires, en tres o cuatro ciudades capitales de provincia y, por cierto, en un sector social de esas ciudades.

Segunda mitad de los setenta,
los primeros años ochenta

En la segunda mitad de los setenta, considero que tampoco se leía más que hoy, porque entre 1976 y 1983 vivimos en este país tremenda dictadura y en la educación de entonces (yo no era ya alumna y todavía no era docente porque, aunque había egresado de letras, en esos años no pude ejercer) se sugería o directamente se imponía a maestros y profesores que no pidieran libros para no hacer gastar a los padres, pues era más cómodo y menos problemático aprender de cuadernillos uniformes revisados por el ojo atento de los inspectores. Si a esto le sumamos la clausura de la editorial Siglo XXI el 2 de abril de 1976; las presiones y las clausuras que soportó el Centro Editor; la oprobiosa quema de más de veinte toneladas de libros de esa editorial el 26 de junio de 1980 en un baldío de la provincia de Buenos Aires, como nos lo recuerda Mempo Giardinelli en uno de sus artículos; la irrupción de un destacamento militar en las oficinas de Eudeba el 26 de febrero de 1977; la detención de Daniel Divinsky, director de Ediciones de la Flor, en el mismo año; los secuestros de ediciones; la censura y la autocensura, y la persecución, la detención y la desaparición de autores, editores, preceptores, profesores y maestros. Por todo ello podemos convenir que por entonces no se leía más que hoy.

Los años ochenta

Dice José Luis de Diego en *Políticas editoriales e impacto cultural en Argentina (1940-2000):* «si la recuperación de la democracia en 1983 representó un auspicioso encuentro entre los autores dispersos y silenciados con su público, ese encuentro no significó, sin embargo, una recuperación del mercado ni de la industria editorial».[82] La «primavera» editorial duró tan poco como la «primavera» alfonsinista, y desde entonces —señala Diego— se percibía el comienzo de la inversión de la relación Argentina-España: si antes los libros iban de aquí para allá, ahora el «desembarco» es en estas playas. Tampoco se leía más en los años ochenta, los de la posdictadura, cuando a falta de lectores el trabajo de animación a la lectura se convirtió en el objetivo principal de diversos grupos que, provenientes de estudios de letras o de educación, fundaron en el país centros especializados en literatura destinada a niños y jóvenes, entre ellos

---

82. José Luis De Diego, «Políticas editoriales e impacto cultural en Argentina (1940-2000)», ponencia en el Congreso Internacional de la Lengua Española, Rosario, 2004

aquel colectivo del que formé parte, el Centro de Difusión e Investigación de Literatura Infantil y Juvenil de Córdoba. Recuerdo que teníamos en aquellos años la contradictoria idea de que era mejor que la literatura circulara por fuera de la escuela para que no se sometiera a sus designios, para que no se convirtiera en «pedagógica», lo que en nuestra jerga de entonces significaba que no fuera utilitaria ni servil, hasta que comprendimos que debíamos trabajar con los maestros si queríamos llegar a alguna parte. Así fue que comenzamos a dar seminarios de formación sobre libros para niños y jóvenes, y fue tan grande la respuesta, porque no había literalmente nada, porque la escuela argentina era campo arrasado, y con ella los chicos de este país que no provinieran de hogares donde la lectura estuviera ya instalada. ¿Cuál era nuestra precaución entonces con respecto a la escuela? ¿En qué consistía nuestro miedo? En algo que hoy llamaría complejo de contaminación, complejo de pureza. Considerábamos que el lugar privilegiado de la literatura era el ocio, y por lo tanto no tenía cabida en una institución marcada por la necesidad y el deber; pero olvidábamos que para que ese ocio ligado a la lectura estuviera presente, debíamos construir lectores, y que si eso no sucedía (por razones miles) en la casa de un niño, la escuela era la única oportunidad. Lo que hoy sabemos es que si la escuela favorece encuentros con buenos libros, construirá lectores que puedan disfrutar de los libros en sus momentos de ocio y también en otras situaciones de la vida en las que un libro es querido o necesario. Eso mismo habrá pensado Hebe Clementi cuando organizó aquel ya mítico Plan Nacional de Lectura que abrió y sembró proyectos en tantos lugares del país en los primeros años del regreso democrático, antes de que la hiperinflación con que los sectores de poder concentrado derrocaron al presidente Alfonsín interrumpiera la primavera cultural en la que habíamos entrado. De modo que en aquellos años de apertura democrática se estaba más bien cobrando conciencia de la importancia de la lectura en la formación de niños y jóvenes, y comenzaba a nacer en nosotros la convicción de que la literatura debía ingresar con toda fuerza a la escuela y de que debían convertirse los maestros y profesores en constructores de lectores si queríamos cambiar algo. Pero llegó el golpe hiperinflacionario de 1989 y la entrega del gobierno a Carlos Menem, la concentración editorial, la competencia desleal del libro extranjero con la edición nacional a causa de las políticas cambiarias de los noventa, el deterioro de la escuela pública, la concepción de las escuelas privadas como empresas, de sus alumnos como clientes y de las escuelas públicas como comedores y centros de asistencia social. La escritora y periodista Matilde Sánchez resumió el impacto de estas políticas sobre la industria editorial argentina como el paso «de la hegemonía a la sucursal y del imperio a la colonia».[83]

83. Matilde Sánchez, «La novela del libro argentino», Buenos Aires, *Clarín*, 23 de abril de 2000

4.
Antes se leía, ahora no...

Quizás se trate de un problema gramatical, un problema de comprensión de la oración reflexiva impersonal, «Antes se leía/ahora no se lee. Antes se leía más/hoy se lee menos», cuyo sujeto es general o indeterminado. La oración, tal como está expresada, como axioma, no nos aclara quién o quiénes son los sujetos que antes leían ni quién o quiénes son los que ahora no leen. En efecto, algunos antes leían y esos que leían puede que leyeran más que los lectores de hoy porque no había otros soportes, porque eran personas con mayores posibilidades para adquirir libros y con más tiempo para dedicarlo al ocio. En fin, que antes había pocos lectores y esos pocos eran muy lectores. Hoy, en cambio, han ingresado al mundo de la lectura millones de nuevos lectores, muchos de ellos provienen de hogares donde el libro no estaba presente, y en ese caudal de lectores nuevos algunos leen mucho y otros leen poco, algunos leen sólo en libros y otros utilizan diversos soportes, algunos leen más en nuevos soportes que en libros y otros se resisten tanto o tienen tantas dificultades o tanto desinterés que aún no hemos encontrado los caminos para hacerlos ingresar a ese universo. Con respecto a la lectura, hay una tarea familiar, en el caso de que en la vida de los padres el libro esté presente; y hay una tarea social, un compromiso que, como todos los que nos dedicamos a fomentar la lectura sabemos, tiene como vehículo a la escuela. Sólo la escuela puede —aun con todas sus dificultades y carencias— achicar la brecha entre niños que provienen de hogares no lectores y niños que vienen de hogares donde el libro está presente. La especialista y editora Natalia Méndez informa en un proyecto de investigación sobre la edición de libros para niños y jóvenes que el sector del libro infantil y juvenil en Argentina está en un periodo sostenido de expansión y crecimiento. Este crecimiento lo relaciona principalmente por el incremento en el número de títulos para niños y jóvenes que se publican año con año. Se puede suponer que si se imprime cada vez más cantidad de libros es porque hay un mercado disponible y receptor de este material, dice Méndez, pero tal vez lo más llamativo es el crecimiento de editoriales y sellos dedicados a este sector, lo que califica como explosión «sellográfica». En efecto, durante la última década se viene dando un fenómeno notorio de surgimiento de nuevas editoriales, y entonces ya no sólo se trata de mayor cantidad de títulos editados, sino también de más sellos dedicados a esa franja de lectores, más librerías que cuentan con rincón infantil, más libreros conscientes de que requieren un tratamiento especial para recomendar estos libros y un aumento notable de capacitaciones, cursos, talleres, jornadas, encuentros y congresos sobre literatura, ilustración y promoción de la lectura. Todos estos esfuerzos dedicados a escritores, diseñadores, bibliotecarios, docentes, libreros, editores, promotores de lectura;

es decir, se trata del desarrollo de un campo cultural, con sus tradiciones, sus espacios de circulación y canonización, y su industria. Alguien compra esos libros, seguramente alguien los lee también; mucha de esa compra llega a las instituciones educativas y a la red de bibliotecas populares, y todo esto da pauta al crecimiento de la industria en nuestro país, que corresponde necesariamente con un crecimiento lector. No obstante, debemos mejorar mucho todavía la cantidad y la calidad de esos lectores, para lo cual es necesario acrecentar la calidad lectora de los docentes, apoyando y sosteniendo la enorme tarea que la sociedad delega en ellos, la de incorporar la lectura al proyecto de educación en cada una de las escuelas del país. «En el siglo XXI, el tipo de educación que elija un país será decisivo en sus perspectivas para avanzar en la causa de la justicia social al interior de sus fronteras»,[84] dice Ricardo Piglia en el prólogo al libro de Sara Hirschman *Gente y cuentos*, valorando el enorme aporte de Hirschman a la lectura como camino de concientización de los seres humanos, ya que en el camino de lectura de cuentos, «la gente —palabras de Hirschman— profundiza en la comprensión de su condición e intenta mejorar su control sobre ésta».[85] La lectura entonces como camino de conciencia que nos abre hacia nosotros

84. Sarah Hirschman, *Gente y cuentos: ¿a quién pertenece la literatura?*, Buenos Aires, Fondo de Cultura Ecónomica, 2012
85. *Ibid.*

y hacia los otros. Escribir, leer, escuchar relatos da forma a lo que somos; nuestras verdades, sueños y recuerdos se construyen con las estrategias narrativas de la ficción, de modo que transitar por ficciones nos ayuda a construir nuestras verdades y a organizar y cohesionar nuestros recuerdos. En una casa donde el libro está presente, cuando llega un niño llegan también los libros para él, tal vez le compren uno o varios, quizás se los regalen en los cumpleaños, o el padre le cuente cuentos por las noches. Tal vez un día vayan madre e hijo a una librería o el niño acompañe a la abuela a comprar libros para ella, tal vez vayan a ver teatro o vean un programa de televisión donde se cuentan cuentos. No se trata de hacer cosas tan especiales ni extrañas, sólo las que son habituales en los ya lectores. Para quien no provenga de un espacio familiar lector, achicar esa brecha es una tarea que se dirime en la escuela, y entonces ahí necesitamos fortalecer a los maestros, acercarles libros, tiempo de encuentro con los libros y capacitación; facilitarles un poco la inmensa tarea que depositamos en sus manos. El maestro es un puente indispensable, porque un buen maestro transmite, además de conocimientos específicos, un modo de estar en el mundo, una concepción de vida, y puede dejar una marca imborrable, puede dejar su signo: enseñar en su sentido más esencial. En mi experiencia como escritora puedo decir que ha sido fundamental la tarea de los maestros. He dicho muchas veces que mis libros no han sido de entrada sencilla, han necesitado del acompañamiento de un lector más entrenado, de modo que la circulación de mi obra es hija de los maestros y los profesores que han llevado mis libros a las aulas o a sus espacios de lectura; a esos lectores especiales —docentes, bibliotecarios, especialistas, críticos— les debo toda la circulación que mis libros han conseguido, porque mis lectores niños y jóvenes no son en general lectores que hayan llegado solos. A la escuela le cabe ese desafío de acompañar, de ayudar a atravesar obstáculos y a descubrir qué de interesante puede esperarnos una vez sorteadas ciertas dificultades o ciertos esfuerzos, porque —más allá de la diversidad de realidades escolares de cada región y de cada país— la escuela es el espacio de circulación de saberes más democrático que tenemos. He trabajado mucho en modos diversos de formación de lectores (de alguna manera escribir también es formar lectores) y eso ha impregnado mi modo de ser, de estar en el mundo. La literatura infantil tiene el privilegio de abrir las puertas de entrada de un lector a los libros, tremenda responsabilidad, por eso la selección que les acercamos, su calidad y su diversidad, es central. «El mundo está lleno de gente que carga libros horrendos que se venden por millares… cuando todos sabemos que leer tales libros no supondrá para ellos ningún cambio, ningún riesgo, el planteamiento de ninguna pregunta»,[86] dice Gustavo Martín Garzo en *Una*

86. Gustavo Martín Garzo, *Una casa de palabras: en torno a los cuentos maravillosos*, Ciudad de México, Océano, 2013

casa de palabras: en torno a los cuentos maravillosos.
Libros que supongan riesgos, cambios y preguntas
para quien los lee. Por eso nos recuerda que una obra
destinada a jóvenes y niños debe ser compleja, que
es importante que sea compleja, que el niño espera
que las historias que escucha reflejen su propia vida,
y que puesto que la vida no es sencilla, los libros que
le interesan tampoco deben serlo. En este sentido,
Martín Garzo sostiene:

> La literatura es el lugar donde se plantean las
> preguntas: por qué nacemos, qué es el amor, la
> traición, por qué existe la enfermedad y el dolor,
> por qué tenemos que morir. Todas las historias
> que existen fueron concebidas para responder
> a tres preguntas esenciales: la pregunta por el
> propio ser, la pregunta por el ser del otro y la
> pregunta por el ser del mundo.[87]

Nos falta crecer en cantidad y en calidad de lectores,
ése es el desafío que tenemos por delante. Hay en el
mercado muchos productos *ad hoc,* construcciones
textuales destinadas a calmar las buenas conciencias
o a adormecerlas, distraerlas o engañarlas, y la literatura, si en algún lugar habita, es en el lugar donde las buenas conciencias se sacuden, se descolocan
y despiertan. Un buen libro nunca es políticamente
correcto, un buen libro siempre es incómodo; lo polí-

87. *Ibid.*

ticamente correcto es un eufemismo de lo superficial, lo oportunista, lo que silencia y tranquiliza.

Al respecto, el escritor brasileño Antonio Candido nos recuerda que la literatura:

> [...] no constituye una experiencia inofensiva, sino una aventura que puede causar problemas psíquicos y morales, como ocurre con la propia vida, de la cual es imagen y transfiguración. Esto significa que juega un papel formador de la personalidad, pero no de acuerdo con las convenciones sino, sobre todo, de acuerdo con la fuerza indiscriminada y poderosa de la propia realidad. Por eso, en manos del lector, el libro puede ser factor de perturbación e, inclusive, de riesgo. Y de este hecho deriva la ambivalencia de la sociedad frente a él, pues, a veces, cuando transmite nociones o hace sugerencias que a la visión convencional le gustaría proscribir, suscita condenas. En el ámbito de la instrucción escolar el libro llega a generar conflictos, porque su efecto trasciende las normas establecidas. De hecho existe un conflicto entre la idea convencional de una literatura que eleva y edifica (según los padrones oficiales) y su poderosa fuerza indiscriminada de iniciación en la vida que se manifiesta en una complejidad variada que los educadores no siempre desean. La literatura, por lo tanto, ni corrompe ni edifica, sino que, al traer libremente en sí misma lo que llamamos el bien

y lo que llamamos el mal, humaniza en sentido profundo, pues hace vivir.[88]

Escribimos y leemos para aprender a mirar en profundidad, y si aprendemos descubrimos que aun en lo más común habita lo extraordinario y en lo más correcto anidan incorrección e incomodidad. De esa incomodidad aprendemos, porque la lectura y la escritura son caminos a contracorriente de los propios preconceptos y prejuicios con respecto a las personas y a la idea de que el otro necesita menos o sabe menos o sufre menos o tiene menos derechos que nosotros. Contra esa corriente va el camino que un libro nos abre, provocando el deseo y la posibilidad de mirar desde otro ángulo, porque tal vez desde otro ángulo las cosas no son tan así como pensábamos. Dice Hirschman que entre las múltiples barreras que vio caer a lo largo de su dilatada experiencia con personas y cuentos está aquella idea de que hay bienes cuyo disfrute sólo pertenece a las élites. En este sentido va la pregunta que Ricardo Piglia se hace en el prólogo: «¿a *quién* pertenece la literatura?»,[89] esa literatura que nace del dolor, el asombro, la experiencia de miles de hombres y mujeres que hicieron a lo largo de los siglos esta lengua que hablamos, esa literatura que para permanecer viva se alimenta de los modos de decir/sentir/pensar de una sociedad.

88. Antonio Candido, *op. cit.*
89. Sarah Hirschman, *op. cit.*

En un encuentro en San Pablo una colega hablaba de la avidez lectora del hijo de un editor. Se detiene, dice de pronto: «Yo me pregunto, ¿por qué los hijos de él pueden?». Ésa es la pregunta. ¿Por qué unos pueden y otros no pueden? De eso se trata. No de cuánto leen unos pocos niños o unos pocos jóvenes, sino de cuantos niños o jóvenes leen en un país. Cómo hacer para que los niños que no son hijos de lectores también puedan. De eso se trata, porque pensar en los jóvenes es, por cierto, una abstracción. Están entre nosotros los jóvenes de nuestro país, de nuestros países. ¿Qué es ser un joven o un niño de entre tantos y tantos años? Un muchacho o una chica que viven en una ciudad grande, en la capital del país o inmersos en la meseta o en la puna o en la periferia de una ciudad o en un pequeño poblado de producción agropecuaria o en un pueblo minero... Todos ellos de diferentes estratos sociales con sus diferencias y sus semejanzas; con la conciencia de ser en toda su particularidad y, al mismo tiempo, en toda su similitud con otros jóvenes; con las muy diversas experiencias culturales, lectoras y de vida, y la misma condición de humanidad de cada uno de ellos; con la diversidad geográfica, la proximidad o no de librerías, la mayor o menor proximidad con las escuelas, la necesidad o no de trabajar, las carencias, los recursos, la relación con la naturaleza, la experiencia... Podemos hablar del joven, de los jóvenes, de ser joven, pero se trata siempre de generalidades y hay siempre una tensión entre lo general y lo particular. La vinculación entre quien lee y un libro es siempre única, es siempre particular. Fuera de toda clasificación, cada lector es único, su saber es irrepetible y las combinaciones de cada experiencia de lectura son también únicas. El buen lector aprende a desconfiar de lo unánime, de todo aquello que valida un saber uniforme y general; por eso no existe una receta acerca de cómo convertirse en lector, por eso no hay un camino único para hacer de un niño, de un joven, de un alumno, de un hijo, un lector. No hay caminos unidireccionales, pero sí hay puertas que se abren a tiempo, atractivas o pesadas puertas para que el caminante se adentre en pasadizos posibles, para que vaya «construyendo su camino lector», si lo decimos con palabras de Laura Devetach. Y las puertas para convertirnos en lectores son los libros y las personas que ingresaron a los libros antes que nosotros por pasión, convicción, capacitación, deseos de transformación; personas que decidieron convertirse en puentes por donde los libros llegaron a otros. Eso es también un maestro. Me gustaría recordar aquí que un escritor, en sus mejores momentos, puede ser un maestro, porque un escritor que se precie, construye a su lector. Lo hace en la propia escritura, construye el lector que quiere para sí, y el que yo quisiera construir es un lector que sea capaz de ponerse en cuestión, un lector que discuta consigo y conmigo. Hace tiempo leí una entrevista al escritor Guillermo Saccomano donde se refiere a la labor del escritor de esta manera:

El lugar del compromiso de los escritores hoy es trabajar con la educación, con la lectura... Yo soy partidario de la educación pública —dice— y me parece que el frente de combate que tenemos, cuando se habla del compromiso del escritor, no tiene tanto que ver con si se adherís a tal o cual corriente política, sino dónde pretendés ser leído. Y trabajar por la lectura como una herramienta de liberación.[90]

Para ello, la escuela es la gran oportunidad social, la gran ocasión de la que hablaba Graciela Montes. En tal sentido, yo veo en las escuelas del país un crecimiento notable, sobre todo un crecimiento de conciencia en los docentes acerca de la importancia del libro y de la literatura en las aulas y un crecimiento muy notable en la existencia de libros. Hay por supuesto mucho por hacer, porque nuestra sociedad es muy desigual en numerosos aspectos y la lectura, el acceso al libro y al conocimiento, forman parte de esa desigualdad. ¿Qué puede hacer un maestro en este contexto? No cesar en la tarea de construirse a sí mismo como intenso lector, de manera que pueda legar esa intensidad y ese conocimiento a nuevos lectores. Ahí está el saber de ese maestro, que se refleja en lo que ha leído y en su apertura a lo diverso; la lectura es

90. Silvina Friera, «El gran padre de lo que hice es William Faulkner: entrevista a Guillermo Saccomano», Buenos Aires, *Página/12*, 13 de julio de 2013

finalmente eso: un tránsito por lo diverso, tal vez para descubrir tanta humana semejanza en esa diversidad. Hay que alimentar el deseo, fogonear el interés naciente, incipiente, con un abanico de libros de autores, géneros, épocas y procedencias diversas, porque leer es un acto de arrojo, es abrirse al mundo y sentirse en libertad de desechar, es ir buscando palabras de otros para encontrarse con uno mismo. Lo que uno hace cuando lee no es entender al que escribió, sino comprenderse un poco más a sí mismo y comprender un poco más el mundo en el que vive. Para ir cerrando, podríamos regresar al axioma del comienzo: «Antes se leía, ahora no», esa frase pronunciada como nostálgica verdad por los que menos conocen sobre lo que está sucediendo con el libro y los lectores en nuestro país: «Los niños y los jóvenes no leen». Regresar para tomar conciencia de que si no contemplamos en ese antes y en ese hoy las condiciones económicas, sociales, culturales, la respuesta no sólo no será satisfactoria sino que tampoco será justa. Termino con las palabras que la profesora Roxana Levinsky, rectora del Colegio Nacional Sarmiento, en Buenos Aires, pronunció en el 130 aniversario de la fundación del colegio, ocasión en la que invitaron al dramaturgo Roberto Cossa, *Tito,* que fue alumno de ese colegio, y expulsado del mismo en 1951:

> Cuando el Colegio Sarmiento fue fundado en 1892, y a lo largo de varias décadas del siglo pasado, los estudiantes ingresaban al templo del

saber con sus trajes, con rigurosas corbatas, gomina; marcas de un estilo homogéneo, sólido, seguro de sí mismo, que correspondía a un destino infalible en el que un buen trabajo, la universidad y el ascenso social estaban garantizados. Eran épocas en las que se podía enseñar lo mismo a todos en el mismo momento. Porque la escuela secundaria no era para todos, sólo la primaria era obligatoria. Hoy entran los que antes no entraban. Entran todos: los que quieren estudiar, los que pueden, los que no quieren, los que no pueden, los que están solos en la vida, los que tienen una familia detrás, los honestos, los descarriados, los obedientes y los peleados con la ley. O sea que estamos frente a un desafío histórico: la necesidad de refundar una escuela que dé lugar, también, a los que están fuera de lugar.[91]

También en lo que respecta a la construcción de lectores estamos, en mi opinión, intentando, como sociedad, como país, atravesar ese desafío: convertir en lectores a los que pueden comprar libros y a los que no pueden; a los que viven en las grandes ciudades, a los que viven en los pueblos pequeños y a los que viven en el campo, en la sierra o en el monte; a los que tienen una familia detrás y a los que están solos en la vida; a los protegidos y a los abandonados,

91. Roberto Cossa, «Ayer y hoy», Buenos Aires, *Página/12*, 12 de diciembre de 2012

a los descarriados; a los que están libres y a los que están en prisión; a los obedientes y a los peleados con la ley... Se trata de un desafío histórico, un imperativo alimentado por la convicción de que leer es, como otros derechos, un derecho de todos.

Leído en la apertura del xviii Foro Internacional por el Fomento del Libro y la Lectura, organizado por la Fundación Mempo Giardinelli, Resistencia, Argentina, 4 de septiembre de 2013

QUE TODOS SIGNIFIQUE TODOS,
PERO ¿QUÉ ES TODOS?

> Caía la nieve, y la noche se venía encima. Era el día de Nochebuena. En medio del frío y de la oscuridad, una pobre niña pasó por la calle con la cabeza y los pies desnuditos. Tenía zapatos cuando salió de su casa; pero no le habían servido por mucho tiempo. Eran unas zapatillas enormes que su madre ya había usado, tan grandes, que la niña las perdió al atravesar la calle [...] La niña caminaba, pues, con los piececitos desnudos que estaban rojos y azules del frío; llevaba en el delantal, que era muy viejo, algunas docenas de cajas de fósforos y tenía en la mano una de ellas como muestra. Era un mal día: ningún comprador se había presentado, y la niña no había ganado ni un centavo.[92]

Éste es el comienzo de «La pequeña vendedora de fósforos».

Leí por primera vez el nombre de Andersen en la tapa de un libro troquelado con ilustraciones salpica-

---

92. Hans Andersen, *Historias de Hans Andersen,* Ciudad de México, Porrúa, 1994

das de brillantina, una de aquellas adaptaciones de muy baja calidad en las que la hondura, la complejidad y la sutileza del escritor danés habían perdido (por un camino de sucesivas simplificaciones) su riqueza. Pero así y todo, ahí estaban «El patito feo», «La pequeña vendedora de fósforos», «Las zapatillas rojas», cuentos que pareciera que no necesitamos leer porque los han leído por nosotros quienes nos precedieron. Personajes en absoluta soledad, abandonados, que quieren entrar a la fiesta del mundo aunque el mundo no ofrezca precisamente una fiesta. De tan simplificadas, eran ofensivas aquellas adaptaciones; no obstante, no impidieron que mi interés de niña quedara fijado, como el de tantos otros chicos y chicas de mi época, en un aspecto esencial de la obra de nuestro escritor, tal vez el único aspecto que logró sobrevivir a todas las amputaciones y adaptaciones a las que se vio sometida. Me refiero a la exclusión, a la expulsión que padecen sus personajes y a la tremenda necesidad de inclusión que los habita.

«Todos significa todos» es el lema de esta edición del Congreso Internacional de IBBY y justo eso parecen pedirnos (con humillación, ruego o grito) la muchacha del mar, el soldadito de plomo, el patito feo, entre otros personajes de los cuentos del mayor escritor danés de todos los tiempos; relatos adaptados y recortados hasta la casi desaparición en aquellas ediciones argentinas de finales de los años cincuenta y comienzos de los sesenta. Fuerte identificación la de tantos de nosotros con los excluidos de Andersen, singulares viviendo entre extraños, diferentes en un mundo de iguales.«¿Quién soy? ¿Dónde están los míos?» Personajes que, como en el poema de Salvatore Quasimodo, están «solos sobre el corazón de la tierra»,[93] cisnes en un pueblo de patos, seres míticos en un mundo humano, pobres de toda pobreza en un país helado y mezquino… Como extraterrestres entre terrestres, sus hombres, mujeres, animales y niños son arrancados de su sitio, arrojados a la intemperie, expulsados de hipotéticos paraísos, de concretos privilegios.

«¿A qué lugares nos llevan nuestros privilegios, a qué lugares no nos dejan ir?»,[94] se pregunta la poeta y ensayista estadunidense Adrianne Rich. Pagamos un precio muy alto para disminuir nuestro contacto con el dolor de los demás; creemos tantas veces que es mejor no pensar, no saber. Ilusión de insensibilidad, de autoanestesia que imaginamos podría protegernos y, sobre todo, proteger a nuestros hijos. Si la literatura nos permite entrar en el corazón del otro, entonces evitarla nos ayudar a vivir anestesiados. La anestesia en la lectura se obtiene por un camino de fórmulas fijas, estereotipos que impiden penetrar la superficie de los textos y de la vida. Así, la indiferencia puede acompañarnos aun leyendo.

93. Marco Antonio Campos, (ed.), *Poetas italianos del siglo xx: Umberto Saba, Vincenzo Cardarelli, Giuseppe Ungaretti, Salvatore Quasimodo,* Ciudad de México, Universidad Nacional Autónoma de México, 2004

94. Adrianne Rich, *Sangre, pan y poesía: prosa escogida 1979-1985,* Barcelona, Icaria, 2001

Historias narradas en un lenguaje amable e inocuo en las antípodas de lo literario, cuya potencia reside en la posibilidad de inquietarnos, de conducirnos hacia zonas inesperadas de nosotros mismos.

Cuando un escritor se sienta a escribir es posible que olvide por un momento las condiciones concretas de su vida, pero son justamente esas condiciones las que por múltiples caminos lo han llevado a escribir de esa manera. La escritura, cuando es verdadera, se alimenta de la experiencia y de la conciencia vital de quien escribe; sólo de ese modo puede hacer crecer en ella misma y en quien lee la percepción que la une a los otros, para que los otros se vuelvan visibles y dejen de ser «lo que se ha dejado atrás»,[95] dice Rich. No alcanzan las palabras bonitas ni la frase cuidada ni la trama a punto para transmitir la riqueza de una subjetividad, y quien escribe sabe o debiera saber que el lenguaje opresor incluso puede tener su engañosa música. Quien escribe comprende (y lo comprenderá tarde o temprano su lector) que lo que parecen verdades irrebatibles son construcciones sociales, ventajosas para unos y perjudiciales para otros, y que esas construcciones se pueden poner en discusión. Todo niño o niña, todo joven, necesita una comunidad que lo reconozca, necesita sentir que esa experiencia a la que puede acceder en la lectura (la de un ser humano en otro contexto, en otras condiciones de vida) hubiera podido ser la suya; experiencia

95. *Ibid.*

y condiciones por las cuales podrían haberlo premiado o castigado. Los lectores (adultos o niños) acudimos a la ficción para expandir los límites de nuestra existencia, porque necesitamos acceder a otras vidas y a otros mundos, y las ficciones son una construcción de mundos, una instalación de otro tiempo y otro espacio en este tiempo y este espacio en el que vivimos. Construcción de mundos, artificios cuya lectura o escucha interrumpen nuestras vidas y nos obligan a percibir otras. Al escribir y al leer ficciones, las infinitas posibilidades que existen en cualquier situación humana se vuelven palpables y nos ponen ante el desafío de escapar a la asfixia de los estereotipos, de perforar el lugar común para dejar entrar en esos seres inventados la complejidad de la vida. Cuando eso se logra, estamos ante un libro que nos descoloca, ante «un animal completo» para decirlo en palabras del poeta Rodolfo Godino; un libro, en fin, verdadero como la vida.

En una población mundial estimada en 7 000 millones de personas, según datos del Banco Mundial, 1 300 millones están por debajo del umbral de la pobreza, es decir, casi dos personas de cada diez. O sea que vivimos en un mundo en el que dos de cada diez personas no tienen cubiertas sus necesidades básicas, en un mundo así de injusto. ¿Qué costos paga el arte cuando se separa de la sociedad de la que forma parte, la sociedad cuyas miserias y riquezas lo alimentan? «Las historias que escribo son siempre una extensión de mí mismo, salen de mi vida. Unas veces más enmascaradas que otras, la vida de cualquier escritor late por debajo de sus obras»,[96] dice el escritor Agustín Fernández Paz. A quienes escribimos nos produce resquemor la palabra *compromiso,* una palabra que, en lo que respecta a la literatura, ha sido estigmatizada; pero ¿qué significa comprometerse en literatura? ¿Cuándo una escritura es comprometida? Toda obra es la aventura de una conciencia en diálogo con el mundo, en busca de una verdad personal, no dogmática. En la disfuncionalidad, la opacidad y el enrarecimiento, un escritor tiene algo que decir sobre una sociedad, un tiempo, una geografía, una cultura. «El arte no tiene sentido si no considera que se dirige a una sociedad de la que su discurso se alimenta»,[97] dice Griselda Gambaro, lo que nos recuerda que la obra no se hace sólo con palabras, y sin duda no sólo con palabras está hecha la obra de Andersen. Alimentados por su complejo de fealdad, por la pobreza de su infancia, por el alcoholismo de su madre, por las múltiples carencias y la tremenda necesidad que tuvo de ser reconocido, alimentados por esa suma de virtudes y mezquindades que lo habitaron como a cada hombre o mujer sobre la tierra, sus cuentos reflejan un *punctum* muy alto de exclusión, en ficciones que, a casi siglo y medio de

96. Sergio Andricaín y Antonio Orlando Rodríguez, (s. f.), «Fernández Paz, Agustín: la realidad y la fantasía son un continuo», en www.cuatrogatos.org

97. Olga Cosentino, «Desconfío de tanta aprobación: entrevista a Griselda Gambaro», Buenos Aires, *Clarín,* 28 de junio de 2008

su muerte, no dejamos de leer, las ficciones del escritor cuyo nombre honra este premio mayor y nos honra. Andersen dedicó a su madre, a la extrema pobreza de su madre, el cuento sobre la pequeña vendedora de fósforos que en la última noche del año, en la ciudad cubierta de nieve, enciende de uno en uno los fósforos que no ha logrado vender, así como «No sirve para nada» se alimenta del alcoholismo en que la vio desbarrancarse para sortear el frío. «A veces me siento como si sacara a los personajes de debajo del hielo con que la realidad los ha envuelto, pero quizás más que otra cosa es a mí mismo a quien estoy desenterrando»,[98] dice el escritor israelí David Grossman en su libro *Escribir en la oscuridad*. Hoy sabemos que Andersen es un gran escritor porque mirándose a sí mismo, observando lo más propiamente suyo, logró ver más allá de su condición hasta descubrir algo que en su tiempo todavía no había sido expresado o cuya expresión no había encontrado aún su forma estética.

POR ENCIMA DE LOS SUEÑOS

Aunque hacía por lo menos diez años que trabajaba en libros y con libros para niños, escuché por primera vez el nombre de Jella Lepman en 1993, de boca de

98. David Grossman, *Escribir en la oscuridad*, Barcelona, DeBolsillo, 2011

Evelin Hohne, mi directora de beca en la Biblioteca Internacional de la Juventud de Múnich. Sin el trabajo de Lepman, escritora, periodista y activista política judeo-alemana que fundó en 1949 la Biblioteca Internacional de la Juventud de Múnich y la dirigió hasta 1957, que fundó también el IBBY en 1953 y recibió el primer premio Andersen en 1954, el campo de la literatura destinada a niños y jóvenes sería algo completamente distinto de lo que conocemos. En buena parte se le debe a ella el hecho de que hoy consideremos a los libros tan necesarios en la vida de los niños y quizá también le debamos el desafío de pensar que el privilegio de acceder desde temprano a la literatura escrita no tiene que estar reservado sólo a niños de algunos sectores del ámbito social. Necesarios los libros, especialmente necesario el acceso al arte y a la literatura como derecho inalienable, extendido a todos nuestros semejantes, en el esfuerzo y en la convicción —en línea con Antonio Candido — «de incluirlos en el mismo catálogo de bienes que reivindicamos para nosotros mismos».[99] Derecho de entrega a un universo fabulado cuyo alimento es indispensable para nuestro psiquismo, porque así como no es posible tener equilibrio psíquico sin la ensoñación, tal vez no haya equilibrio social sin la literatura. La lectura y la escritura enriquecen nuestra subjetividad porque nos sitúan frente a nosotros mismos, nos incitan a formular preguntas, nos ayudan a

99. Antonio Candido, *op. cit.*

pensar y a sentir, nos ponen en cuestión, nos permiten acceder a otras experiencias y a intentar comprender otras subjetividades. La exploración de una verdad estética personal es lo que nos ofrece el arte; por eso la literatura no es el lugar de las certezas, sino el territorio de la duda, y nada hay más libertario y revulsivo que la posibilidad de dudar, de enfrentarnos a nosotros mismos para poner en cuestión nuestras certezas.

Comprensión de otras personas y de otros pueblos es lo que intentó Lepman con *A Bridge of Children's Books*, el puente de libros y niños que refleja su experiencia. Pionera en programas de lectura, mucho de nuestro trabajo se nutre de las instituciones que ella fundó e impulsó hasta su muerte. Me gustaría recordar sus convicciones, el lugar que ocupa la literatura en la vida de las personas y de los pueblos, ya que ella supo pronto que leer al otro ayuda a comprenderlo, tal vez incluso que «pensar en un hombre se parece a salvarlo», como dijo en uno de sus poemas verticales Roberto Juarroz. Políticamente activa, consciente de sus privilegios y de sus diferencias, y de la obligación de emigrar de muchos pueblos y personas a raíz de la intolerancia de otros, Lepman no cesa en su propósito de llevar a los niños alemanes libros de diversos lugares del mundo de modo que, al entrar en contacto con ellos, estén mejor preparados para la paz, la convivencia y la comprensión. Ella entendió que quien lee la experiencia de un otro tal vez podría comprenderlo, y que al comprenderlo, no podrá hacerle la guerra; que si ese otro se nos vuelve más humano, no podremos desaparecerlo tan fácilmente; que colocados por intermediación de la literatura en el lugar de un otro, escritores y lectores podemos descubrir las semejanzas que existen entre ese otro y nosotros mismos.

Pero no hablaría de escribir *sobre* otros, sino más precisamente de escribir *desde* otro, intentando entrar en su punto de vista, en su percepción del mundo, en su corazón. Escribir desde un otro distinto de nosotros (y mirado con profundidad, todo otro es distinto y es único) en primer lugar es atrevernos a pensar como él, a estar por un momento en su pellejo. El camino que propone la literatura es el del conocimiento de ese otro y la cosecha que obtenemos en la lectura consiste en salir de la indiferencia, porque al final de un libro quien escribe y quien lee quedan en deuda con la complejidad de razones, intereses, virtudes y defectos de un otro diferente de sí, y comprenden que ya no sería tan sencillo desentenderse de su existencia. «Escribo para ser comprendido», dijo Joseph Brodsky; escribimos no sólo intentando comprender sino también anhelando ser comprendidos en esas zonas aún no domesticadas de nosotros. Aquí quisiera detenerme en la dificultad de comprender y en la importancia de transitar —en la lectura y en la escritura— esa dificultad. Quisiera recordar que una parte importante de nuestra experiencia lectora proviene de la incomprensión: no comprendemos del todo eso que vamos leyendo y entonces eso mismo, intentar comprender, provoca el esfuerzo de transitar la lectura de un libro; así es como hemos estado viajando los lectores, de un libro a otro, desde aquellos lejanos días de infancia hasta estos días de hoy. Entonces un buen libro es quizá el que nos propone esa dificultad. Esto viene a cuento porque muchos libros editados para niños y jóvenes están escritos en un lenguaje y con asuntos simplificados al extremo, en línea con lo oficial, lo congelado, lo esperable, evitando y evitándonos pensar. Leer es aprender a entrar en la vida y en la lengua, así la literatura nos ofrece su misterio porque al permitirnos entrar en un otro diverso, al incluirnos en su mundo e incluyéndolo en el nuestro, nos abre a nuevas experiencias de contacto con el sufrimiento, el asombro, el dolor, el regocijo o la maldad; y a la vez nos ofrece la curación de esos sentimientos porque, como dice Grossman, «los libros son el único lugar donde pueden coexistir las cosas y su pérdida».[100] Una vez que las palabras pasan por el cuerpo y por el alma de quien escribe pueden pertenecerle ya al lector, es decir, pueden ofrecerle el ingreso a un mundo en lenguaje privado, no oficial. Pero para eso no debiéramos olvidar que el lenguaje es un vehículo, casi diría como el agua, transmisor de una corriente interna que va desde la subjetividad de quien escribe a la de quien lee, y que ese lenguaje necesita la trasparencia suficiente para conducir hacia el mundo que se narra y la opacidad indispensable como para abrirse a múltiples sentidos. La literatura es

100. David Grossman, *op. cit.*

generosa con nosotros, profundamente democrática porque nos permite ingresar a su universo
desde nuestra particularidad; nos permite a cada
uno de nosotros encontrar un camino propio entre
sus letras.

Un escritor, buscando una forma inteligible y
altamente condensada para las imágenes que per-
sigue, desnudándose a sí mismo pone al desnudo
aspectos insospechados de la condición humana.
Nos lleva a pensar, al menos por un momento, de
otro modo. Nos pone ante el desafío de intentar
comprender una situación que va más allá de nosotros; nos propone identificarnos incluso con lo que
repudiamos, para obligarnos a mirar desde otros
ángulos, retirándonos los mullidos almohadones de
nuestras sagradas convicciones. «¿Y si las cosas fueran de otro modo?» Sólo así resulta posible perforar
la superficie de tantas versiones superficiales de la
vida como nos llegan a través de miles de modos de
penetración. «¿Cómo sería nuestra vida si se nos
diera vivir como ese otro?»

En la vida misma

Cada escritor es hijo de su tiempo; nadie puede
crear al margen de las corrientes de los grandes
conflictos históricos y sociales. Ningún libro puede sustituir la experiencia, pero ninguna expe-

riencia se basta a sí misma; habrá sido insuficiente nuestra educación si no leemos también libros de poetas y novelistas, de escritores que han indagado acerca de la más delicada de las materias: el hombre, sus sentimientos, su personal manera de reflejar, sufrir o combatir la realidad. Durante mucho tiempo Cervantes, Tolstoi, Kafka, continuarán diciéndonos sobre el hombre cosas que la sociología y la psicología no nos pueden decir. Durante mucho tiempo los poetas nos dirán cosas sobre la lengua y sus posibilidades de expresión, de comunicación y de creación, cosas que no podemos pedir a los lingüistas. No hay que olvidar que un niño no es una flecha que va en una sola dirección, sino muchas flechas que simultáneamente van en muchas direcciones, un centro de actividades y relaciones, una mano que juega, una mente que absorbe, un ojo que juzga. Los niños no crecen en un mundo separado del nuestro, en un gueto o bajo una campana de cristal; los libros destinados a los niños no son libros fuera del tiempo, no hay ni un solo problema del presente al que los niños no sean sensibles. Los libros para los niños de nuestro siglo no pueden aparentar que el siglo no existe y que no transcurre, tumultuoso, a nuestro entorno.[101]

101. Gianni Rodari, «La imaginación en la literatura infantil», *Imaginaria*, 31 de marzo de 2004

Éstas son algunas de las ideas que Gianni Rodari incluyó en su ensayo «La imaginación en la literatura infantil». En 1984, apenas terminada la dictadura en Argentina, un colectivo de mujeres provenientes de estudios de letras formamos en Córdoba un centro de literatura destinada a niños y jóvenes y, en el marco de dicho centro, la revista *Piedra Libre*. En el segundo número de aquella revista pudimos reproducir, por gentileza de *Perspectiva Escolar* y la Associació de Mestres Rosa Sensat, aquel ensayo, dando a conocer de ese modo por primera vez su pensamiento en Argentina, un pensamiento al día de hoy muy arraigado en el trabajo sobre escritura creativa que se hace en mi país. La importancia del desarrollo del imaginario y el trabajo en pos de la inclusión son algunos de los caminos que Rodari transitó a partir de su experiencia con chicos refugiados. Su fecunda escritura, nueva entre los niños de hoy, no cesa de leerse, como lo demuestran las reediciones recientes de sus libros, pero es en su condición de maestro que quisiera traerlo aquí, como quisimos llevarlo a los maestros argentinos en los años de mi iniciación. El autor de *Cuentos por teléfono, Los negocios del señor gato, Los enanos de Mantua* y *Las aventuras de Antoñito el invisible*, que comenzó su trabajo docente como tutor en la casa de una familia judía que había huido de Alemania y vivía en Sesto Calende, estuvo en contacto temprano con la necesidad, el dolor y la exclusión. Las reflexiones que a partir de esas experiencias anotó en su *Quaderno della fantasia* fueron la base de lo que treinta años más tarde sería la *Gramática de la fantasía: introducción al arte de inventar historias*, el ensayo en el que exploró las leyes de la invención, para ponerlas a disposición de padres, bibliotecarios y maestros. «Aunque el romanticismo lo haya rodeado de misterio [...] el proceso creativo es inherente a la naturaleza humana, y está al alcance de todos»,[102] dijo quien confiaba en el poder de liberación que puede alcanzar la palabra.

Hijo de una obrera y un artesano panadero, huérfano de padre desde muy niño, maestro de niños alemanes que huían del nazismo, la vida de Rodari está debajo de su trabajo como pedagogo, extendiendo aquella frase de Agustín Fernández Paz que mencionaba al comienzo a cada maestro sobre la tierra consciente de su hacer. Finalmente es eso, la vida a conciencia, lo que unifica al escritor y al docente que, al recibir el Premio Andersen, dijo que «la fantasía sirve para explorar la realidad y para explorar el lenguaje [...] para ver qué resulta cuando se oponen las palabras entre sí».[103] Por ese camino, nuestro escritor imaginó niños que pudieran explorar la palabra para abrirse al mundo, leerlo, narrarlo y modificarlo; incitó al desacomodo, a percibir lo personal y lo diferente, a luchar contra la domesti-

102. Gianni Rodari, *Gramática de la fantasía: introducción al arte de inventar historias*, Barcelona, Ediciones del Bronce, 2006
103. *Ibid.*

cación aceptando el sinsentido, consciente de que bajo ese sinsentido aparecerían sentidos nuevos e inesperados.

«Que todos signifique todos» es el lema de este congreso que busca reflexionar en torno al lugar de la lectura en la construcción de una cultura incluyente, la creación desde la diversidad y la diferencia, los modelos, las estrategias y las prácticas de inclusión, así como los mecanismos de exclusión en la promoción de la lectura. Por esta razón decidí compartir este repaso por tres figuras de la literatura para niños que llegaron a mí en distintos momentos y que desde sus distintos lugares me han hecho situar mi trabajo en la oposición: atracción/rechazo, inclusión/exclusión. Pero ¿qué significa *todos* en lo que a la literatura se refiere, cuando la literatura implica siempre una mirada singular sobre un asunto también singular? Pues creo que es justamente ahí, en la intensa mirada a lo singular donde puede nacer la metáfora de un todo que vaya más allá de lo que estamos dispuestos a ver. El debate social, los pobres, los que discriminan y los que son discriminados, los que no tienen memoria, la violencia familiar y social, las guerras y las dictaduras de todas partes y tantos otros asuntos son temas de la literatura, con la condición de que haya en su tratamiento una intensa mirada singular sobre una circunstancia y una subjetividad también singulares, porque la literatura, para *ser útil* (para usar una palabra que va contra su esencia), debe conservarse *inútil:* debe preservar como un tesoro su disfuncionalidad. Desde que existe, desde el comienzo de los tiempos, la literatura mira en lo humano singular, en la lucha de un ser humano entre lo que es y lo que quiere o puede ser. Ella busca una verdad que ni empieza ni termina en las palabras. Para lograr que esa verdad no sea sólo de palabras, lucha contra lo oficial de una lengua y de una sociedad. Lucha contra la homogeneización de los discursos, nos invita a ser personas que piensan y sienten de una manera propia. En fin, aquello que Rodari un día nos enseñó: entrenarnos en el vicio de fabular para viajar hacia el corazón del hombre.

Leído en el XXXIV Congreso Internacional de IBBY, Ciudad de México, 12 de septiembre de 2014

Esta edición de
La lectura, otra revolución,
de María Teresa Andruetto,
se terminó de imprimir
en el mes de mayo de 2025.

Colección «Ensayos Chiquitos»